核の力で平和はつくれない

私たちが非核・脱原発を主張する18の理由

市民意見広告運動 編

合同出版

もくじ

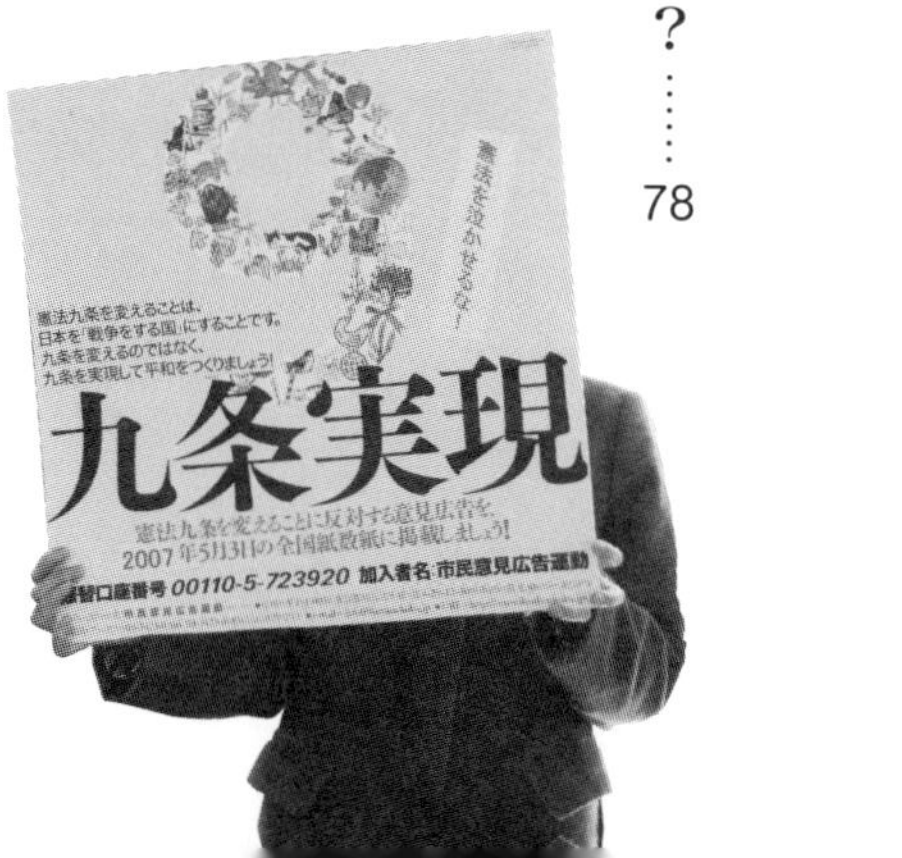

憲法九条を変えることは、
日本を「戦争をする国」にすることです。
九条を変えるのではなく、
九条を実現して平和をつくりましょう！
九条実現
憲法九条を変えることに反対する意見広告を、
2007年5月3日の全国紙数紙に掲載しましょう！
口座番号 00110-5-723920 加入者名：市民意見広告運動

本書を読まれるみなさんへ

２０１１年3月11日に発生し、今なお収束のメドさえたたない福島原発事故に対し、脱原発の動きが全国的に高まるなかで、本書は緊急編集されました。本書の趣旨と基本的立場は、タイトルの『核の力で平和はつくれない』が示すとおりですが、とくに重視したのはつぎの３つの視点です。

①建前上は「唯一の被爆国」の前提にたちながら、日本の核武装を可能にするような立法措置や言説がのさばるにいたっています。この側面を「核の軍事利用の問題」と呼ぶなら、核の軍事利用と、原発に象徴されるいわゆる「核の平和利用の問題」とは、同じ原理にもとづき、同じ材料を用いたまったく同一の過程で出現する2つの側面ととらえるべきだということ。

②「核の軍事利用」と「核の平和利用」の問題が必然的に提起する「核廃絶」の課題を、日本だけの孤立した環境のなかで考えず、日米関係が主流にはなりますが、国際的な視野でとらえようとしたこと。

③核分裂の発見から現状までを歴史的に跡づけながら論じたこと。

これらの視点によって、核兵器と原子力発電は「一卵性」双生児であるという特質が浮かび上がってきます。

前書『武力で平和はつくれない』（合同出版、２００７年）と同様のQ＆A方式を採用しました。仮定的質問として、核兵器の保有と原子力発電の常備と永続的稼働を肯定する主張18項目を取り上げました。また、自主的核武装論、米国の核の傘必要論、北朝鮮のミサイル脅威や中国の軍拡への対抗論、脱原発は日本経済への打撃、安全対策を施せば原発は安全に操業できるなど、核の力をめぐる反憲法的・反市民的な主張も俎上に載せています。

これらの問題の歴史的経緯と現状、その事実誤認、主張の破綻、帰着するであろう恐ろしい結末をわかりやすく示す原稿の執筆を、私たち市民意見広告運動の周囲におられる然るべき専門家にお願いしました。筆者の皆さんのご協力に深く感謝申し上げます。

市民意見広告運動は、ベトナム戦争期の反戦意見広告以来の実績を踏まえ、志を同じくする日本中の人々のご支援を得て、今年も5月3日の憲法記念日に、「憲法9条・25条の実現」と「脱原発」を呼びかける意見広告を一般紙に掲載しました。大きな反響が寄せられています（写真参照）。

2012年5月3日付で各一般紙に掲載された「脱原発」を呼びかける意見広告

本書が、非核・脱原発の志をもつ多くの市民の手に渡り、それぞれの思想的・理論的な根拠づけに役立つことができるとすれば、本書編集委員会としてこれにすぎる喜びはありません。

２０１２年８月　編集委員・高橋武智

質問 1

原発《げんぱつ》を保持《ほじ》することは、科学技術立国《かがくぎじゅつりっこく》の証《あかし》であり、当然《とうぜん》な選択《せんたく》ではないのか？

原発は本質的に制御できない技術

福島原発事故によって、住み慣れた地を追われ、再びふるさとに帰れない人びとの数は２０１２年7月現在で16万人にものぼります。２万人の子どもたちが福島県の内外に避難するなど、人びとの平和で平穏な日常は奪われてしまいました。

「３・11フクシマ」から1年余を経てなお、福島第一原発の原子炉の中がどうなっているか、溶融した燃料がどこにどのように存在しているか、格納容器がどういう状態にあるか、注入された冷却水はどこに行っているのか、大きな余震が来たらどう対処したらよいのか、分からないままに日々が過ぎていきます。

野田総理が行った11年末の「冷温停止状態」宣言[*1]は事態の困難さを糊塗するための

*1 「冷温停止状態」宣言：２０１１年12月16日。

政治的な発言でしかありません。それは、溶融した核燃料の状態も不明、原発の破損状況も確認できない事態を見ても明らかです。

原発を否定する意見が増えています。いまや世論の80％は脱原発を求めています（日本世論調査会、11年6月11、12日調査）。今後、この割合が減ることはないでしょう。

原子炉が制御不能に陥って、人びとが原発の存在におののくのは「放射能」[*2]の本質から来ています。いまではよく知られているように、放射線はあらゆる生命体に危害をおよぼします。核種によっては何百年、何千年、いや何万年・何十万年と放射能が消えずに存在し続けます。

福島第1原発1号、2号、3号の原子炉のどこかに溶け落ちている燃料も、4号炉の使用済み燃料プールに置かれた使用済み核燃料も、崩壊熱がおさまるまで冷やし続けなければなりません。それには、大量の水を注ぎ続けるほかに方法がありません。原子炉も建屋も破損しているので、注入された水が冷却機能を果たしていないおそれがあります。注入し続けている水は、各原子炉を通って循環した後、放射能汚染水としてタンクに溜められていますが、回収しきれていない放射能汚染水が地下へ、海へと漏れ出している可能性もあります。タンクもやがて満杯になります。

福島原発事故が引き起こした事態に直面して、原子力工学者から多少の弁明らしき声は聞こえてきますが、それはもっと天災に備えて慎重に設計するべきだったというものです。大事故の原因は、科学の想定を超えた巨大地震と大津波だったと言うのです。果たして、そうでしょうか？

＊2 放射能：放射線を放出する性質、または現象。そうした性質をもつ物質が放射性物質。放射性物質を単に放射能と呼ぶこともある。

科学の進歩が生み出した放射能・放射線の害

科学者の知的好奇心のおもむくままに、放射能・放射線に関する研究の扉が開かれたのは19世紀末でした。１８９５年には、ドイツの物理学者ヴィルヘルム・レントゲンが謎の光線、エックス線を発見し、翌年、これに触発されてフランスのアンリ・ベクレルがウラン鉱石がもつ放射能の存在を証明しています。マリー・キュリーは夫のピエールとともに放射能の研究を一歩進め、１８９８年、新たな元素でしかも放射能をもつラジウムとポロニウムを発見しています。

その後、放射線にはα線、β線、γ線の3種類があることが明らかにされ、原子核の発見、中性子の発見と続いて、元素にまつわるギリシャ以来の謎が解明されていったのです。

一方で、人体を透過するエックス線が人体に障害をもたらすことが広く認識されるようになりました。初期の被害者の多くはエックス線を治療に用いた医者たち、放射性物質を扱った技師、職人たちでした。たとえば、発光するラジウムは時計盤の夜光塗料としても使われ、筆を舐めながら作業していた職人たちに顎のがんが多発しました。キュリー夫人が放射線被曝によって、亡くなったことはよく知られたエピソードです。

１９１５年、イギリスで「放射線防護勧告」が出され、「国際エックス線およびラジウム防護委員会」が発足して、放射線についての国際的研究、規約が始まりました。これが「国際放射線防護委員会」（ＩＣＲＰ、１９５０年）に改組されていきました。

レントゲン（１８４５～１９２３）

ベクレル（１９０８～１８５２）

その後ウラン採掘の現場、濃縮工場での被曝、原発・原子力関連施設での事故、周辺住民の被曝、核実験など、無数の放射能被害の知見に基づいて、できるかぎり被曝しない、放射線の安全には閾《しきい》値《ち》がないという認識が放射線防護学の共通点になっています。

イギリスのアリス・スチュワートが「電離放射線の危険性」と題した講演[*3]で、「低レベル放射線という表現ではなく、『ピンポイント放射線』と言いたい」と発言したのは、針の先で突くようにして細胞の核を傷つける放射線の特性を言い表したものでした。長年にわたる研究の結果を表した的確な命名だと思います。

核兵器と原発 ── 結合双生児の誕生

1938年末、ウランに中性子をあてるとウランの原子核が分裂する現象がドイツの研究所で発見されました。人工的に核分裂を起こすことができるという大発見は、この段階では純粋に科学の世界での出来事でしたが、すぐに幾人かの科学者が、核分裂の連鎖によって莫大なエネルギーが発生し、超爆弾（原爆）になり得る可能性、制御すれば新しいエネルギー源になる可能性に気づいています。

39年、すでに米国に亡命していたユダヤ系の科学者たちは、ルーズベルト大統領にあてて、原爆開発に早く取り組まないとナチス・ドイツに先を越されると、アインシュタインの署名付きの手紙[*4]で勧告しますが、1度目は無視されたと伝えられています。米国は当時、戦争に備えてレーダーの研究に力をそそいでいたので、すぐには方向転換ができなかったという事情があったとされています。

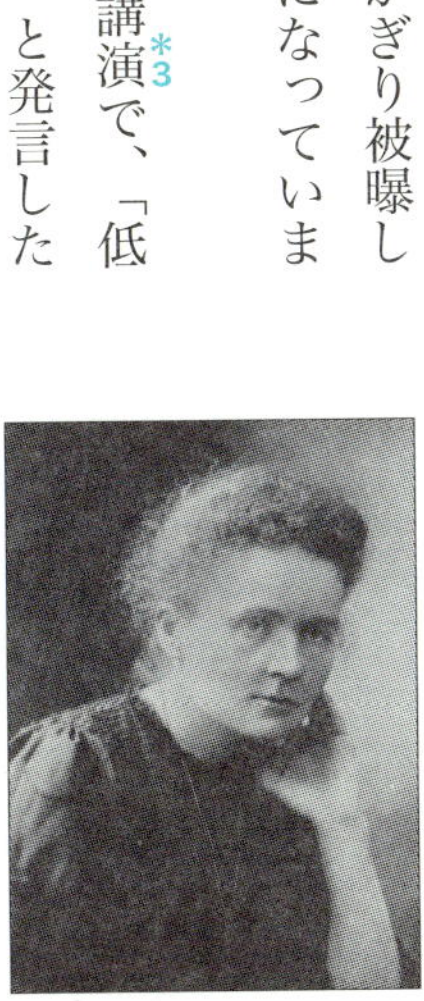

マリー・キュリー（1867～1934）

ピエール・キュリー（1859～1906）

＊3 講演：「国際プルトニウム会議」1991年、日本で開催。

＊4 アインシュタイン＝シラードの手紙：亡命ユダヤ人物理学者レオ・シラードらがアインシュタインの署名を借りてルーズベルト大統領に送った親書。ただし、アインシュタインは後

ユダヤ系の科学者と米・英の科学者による米大統領への働きかけが効を奏して、極秘の原爆製造計画がスタートしたのは42年8月のことでした。米国の産業界は全力をあげて、「マンハッタン計画」*5と呼ばれた原爆製造計画を推し進め、45年7月には原爆実験を行った後、最初の核兵器、ウラン爆弾とプルトニウム爆弾*6が製造されたのです。

第2次世界大戦における枢軸国（日・独・伊）と連合国（米・英・ソなど）の間の国際的緊張の最中、科学者が政治家に提案し、軍の指揮のもとでの核兵器開発を迫ったという、この歴史的事実の意味するところは非常に重大です。日本でも戦争の末期、海軍、陸軍が個別に原爆の研究*7を行っていた事実があります。

「マンハッタン計画」遂行の過程で第二次大戦後の世界の政治・経済・文化に大きな支配力を発揮する米国の軍・政・学・産の固い結束体（複合体）が形成されていきました。

そして、原爆製造計画がスタートした年の42年12月、イタリアからの亡命科学者フェルミは米国のシカゴ大学の一隅で、原子炉内でウランの核分裂の連鎖反応を起こす実験に成功します。原子炉の中で核分裂を制御することが可能だという発想から、原子力発電の研究開発が始まったのです。

いま問われる科学者の責任

核分裂を現実世界で実現して、原爆や原子炉に応用することを推進した科学者や技術者は、それらがもたらすかもしれない現実、たとえば、ヒロシマ・ナガサキの悲劇、

のマンハッタン計画には関与していない。

＊5 マンハッタン計画：本部がニューヨーク・マンハッタンにあったことから命名。1942年8月発足。原爆製造部門のリーダーはロバート・オッペンハイマー。科学者・技術者を含めて54万人が動員された。日本の「原子力ムラ」の淵源もマンハッタン計画にある。

＊6 ウラン爆弾とプルトニウム爆弾：ウラン爆弾は広島に投下され、プルトニウム爆弾は長崎に投下された。

＊7 日本軍の原爆研究：陸軍は二号研究（41年、理化学研究所に研究委託）、海軍は核物理応用研究委員会（42年）を設置。

核実験による地球規模の被害[*8]、チェルノブイリやフクシマの惨状をどれほど想像できたでしょうか。また、想像しようとしたでしょうか。

45年7月、原爆製造計画を指導した物理学者のオッペンハイマーは、ニューメキシコの砂漠でプルトニウム爆弾の実験に成功したその瞬間、ヒンズーの聖典『バガヴァッド・ギーター』の一節を引用して、「『いま私は死神になった。世界の破壊者だ』。私は我々みんながなんらかの意味でそう考えたとおもう」と述懐したと言われています。また、戦後まもなく、「ダイナマイトが戦争に終止符を打つだろうというアルフレッド・ノーベルの望み、空しい望みのことを思った。われわれはプロメテウスの伝説[*9]にある、人が新しい力をもつことについての、あの深い罪の意識のことを思った」と語っています。オッペンハイマー自身の悔悟のようにも思えます。

たくさんの天真爛漫な秀才たちが、好奇心と功名心に駆られて核の力を操ることで、巨大な科学の分野、関連する産業分野が生み出されてきました。しかし、すくなくとも、国際政治という現実を前にして、科学者たちはおよそ無力でした。核の力を現実世界の中で制御することができなかったのです。

「核兵器を戦争に使うな」「紛争解決は平和的手段で行え」という「ラッセル＝アインシュタイン声明[*10]」は、科学者の側からの数少ない主張の一つでした。その後、このスローガンはパグウオッシュ会議[*11]に引き継がれています。

長い間、核兵器廃絶運動と反原発運動は、別々に、別個の運動として取り組まれてきました。戦争反対・大量破壊兵器反対という反戦平和のテーマと、原子力には「平和利用」があり得るという願望と建前から起こった分離なのでしょうか。いま、この

＊8 核実験の被害：東西冷戦のさなか、米ソの水爆開発競争が続き、相次ぐ核兵器実験で、全地球規模で大気や雨の中に放射能が観測された。

＊9 プロメテウスの伝説：ギリシャ神話の神。人類から火を取り上げたゼウスの意思に反して、人類に「火」を渡し、人類が文明を手にするきっかけになったとされる。

＊10 「ラッセル＝アインシュタイン声明」：イギリスの哲学者バートランド・ラッセルとアインシュタインが中心になって作成。55年5月、科学者ら11人が賛同、米ソの水爆実験に対して核兵器廃絶・科学技術の平和利用を訴えた宣言文。湯川秀樹も署名している。

＊11 パグウオッシュ会議：第1回会議は57年。「ラッセル＝アインシュタイン声明」を受けて、世界各国の22人の科学者がカナダの漁村パグウォッシュ村に集まり、核兵器の危険性、放

2つの運動の経緯をていねいにたどってみる必要があると思います。

原子炉の中では、望むと望まないとにかかわらず、核爆弾の原料となるプルトニウムが生成されます。原発を維持することによって、望めば、核兵器を製造することは容易です。原発と核兵器は一卵性であることを私たちはもっと深刻に受け止める必要があります。「非核地帯は同時に脱原発地帯であるべき」というシンプルな原理を深めたいと思っています。

日本の原発は安全に関する技術について厳密な検討がなされないまま、導入されたという歴史的事実があります。原子炉の運転は制御可能か、周辺の住民と原発労働者に被曝の心配はないのか、使用済み核燃料の安全管理は可能か……。これらの疑問を曖昧にしたまま、ひたすら実用化を推進した、国と原発関連企業、そのすべてを取り仕切ってきた「原子力ムラ」の責任はかぎりなく重いと言わざるを得ません。しかし、かれらには、3・11フクシマはあたかもなかったかのごとくです。

原子核を壊すことで成り立つ科学技術は生命系とは相いれません。平和に暮らしたいと願うなら、核兵器も原発も廃絶しなければならないのです。

（山口幸夫）

射線の危害、科学者の社会的責任について真剣な討議を行った。湯川秀樹、朝永振一郎などが参加している。

質問
2

核《かく》兵器《へいき》の脅威《きょうい》という現実《げんじつ》の中《なか》では、核抑止戦略《かくよくしせんりゃく》は妥当《だとう》な選択《せんたく》ではないのか？

「核抑止論」とはそもそも何か

核抑止力という考え方は、米国とソ連との間で１９５０年代から80年代にかけて行われた大規模な核軍拡競争をしながら、核保有に固執する政策を正当化するために、米国が編み出した一種の「仮説」です。

核兵器の登場は、「戦争は政治目的実現の手段である」とする伝統的な戦争観の根本的な見直しを迫るものでした。核兵器の殺傷力・破壊力および爆発後の放射線被害の深刻さが認識されるとともに、米ソ間で本格的な核戦争になれば、軍事的な勝利者はあり得ず、人類は共倒れすることを米国も認めざるを得なくなりました。

しかし、権力政治*1の発想が支配する国際関係において、国家間の相互不信を根本的

*1 権力政治：power politics

に解消し、軍事力に頼らない世界を構築する方向へ発想を転換することは簡単なことではなく、ましてや権力政治の権化であり、世界の警察官を自認し、最大の核兵器国である米国が自らの核兵器庫を進んで手放すという発想に立つことはあり得ませんでした。

①核戦争は可能な限り回避する必要がある。

②しかし、相手が仕掛けてくる核攻撃の脅威に対しては万全の用意をする必要もある。

この2つの「必要」を満足させる考え方として米国が編み出したのが核抑止論なのです。

核抑止の基本的な考え方は、「米国またはその同盟国や友好国が攻撃された場合は、核兵器によって報復すると威嚇することで、他の国家に攻撃を思い止まらせる」ということにあります。この考え方が「有効」であるためには、いかなる侵略や奇襲攻撃に対しても、米国が攻撃側に耐えられない損害を与えるだけの確実な核報復能力と、断固たる報復意思[*2]をもっていると攻撃側に認識させる必要がある、とされました。要するに、核抑止論は核兵器を使う決意が本物であるということにおいてのみ成り立つのです。

こういう核抑止論を編み出すことによって、米国は、膨大な核戦力を保有し続ける政策を正当化してきました。核抑止論・政策は核戦争が起こるのを防止し、平和を維持してきたとする主張が喧伝されることがありますが、世界は何度も核戦争の危機に直面してきたという歴史的事実は、この主張のまやかしを明らかにして余すところあ

＊2 報復意思：自国ではなく、同盟国や米国にとって死活的利害がからむ友好国に対する攻撃に対して核報復の威嚇を用いる場合を、米国は特に「拡大核抑止」と呼んでいる。

りません。

核抑止論については、さらに2つのことを確認しておく必要があります。

第1に、核抑止論は米国が編み出したものですが、その後、他の核兵器保有国もこの考え方に追随したということです。その結果、米ソ間には核の相互抑止[*3]という状況が成立したと言われました。また中国は、米国の大都市あるいは日本などの米国の同盟国に対して報復攻撃するのに必要なだけの核戦力を備えておけば、米国は中国に対する先制攻撃を思い止まらざるを得ないという判断に基づいて、限られた核戦力を保有する政策を採用しています。これを核の最小限抑止[*4]ということがあります。朝鮮民主主義人民共和国（以下、北朝鮮）が追求しているのも最小限核抑止力です。

第2は、米国は核抑止論を採用した後も、核の先制使用の可能性を完全に放棄したわけではないということです。現実にオバマ政権は、今日でもなお、イランおよび北朝鮮に対する核兵器の先制使用の「権利」を留保しています。

米国が核に固執する理由

核兵器は、生物兵器や化学兵器とともに、もっとも反人道的な大量破壊兵器です。人間の尊厳そして基本的人権が普遍的価値として認められてきた人類史の進展の中で、戦争が違法化[*5]されるとともに、大量破壊兵器の使用さらには開発、生産および貯蔵を禁止する動きが国際的に強まってきました。生物兵器および化学兵器の使用禁止については、第一次世界大戦後の1925年、ジュネーブ議定書ができましたし、その開発、生産および貯蔵を禁止する2つの条約[*6]もそれぞれ作られています。米国を含む世

＊3 核の相互抑止：mutual nuclear deterrence

＊4 核の最小限抑止：minimum nuclear deterrence

＊5 戦争の違法化：国際連盟規約、不戦条約そして国際連合憲章の流れがある。

＊6 兵器の使用禁止条約：生物兵器は72年（効力発生は75年）、化学兵器は93年（効力発生は97年）。外務省のホームページによれば、前者が2012年段階で165カ国、後者が10年段階で185カ国が参加。

界のほとんどの国々がこの2つの条約に参加しています。

ところが、核兵器に関しては、生物・化学兵器よりもはるかに残忍で反人道を極め、広島・長崎の悲惨な人類史的体験やこの体験を受けた核廃絶を求める広範な国際世論の存在にもかかわらず、今日に至るまで開発、生産、貯蔵はおろか、使用を禁止する取り決めすら成立していません。最初に核兵器を開発した核超大国である米国が頑強に反対しているためなのです。

米国が頑なに核に固執するのにはいくつかの理由があります。

核開発は、米国が第2次世界大戦で軍事的勝利を確実なものとするための手段として、巨費を投じた国家プロジェクト[*7]として推進され、広島・長崎で「実証」されたその軍事的破壊力は、第2次世界大戦後の世界に君臨した米国にとっては、簡単に放棄するにはあまりにも「魅力的」な兵器でした。

また、広島・長崎に対して原爆を投下したこと、それによって非戦闘員である大量の市民を死に追いやり、数多くの被爆者を生み出したことが、いかなる理由によっても正当化できないことであり、たとえ戦争下であっても犯してはならない反人道的な行為であったとして自らの戦争犯罪を認めることは、世界の護民官を自認する米国にとってあり得ないことでした。

そのため米国は、広島・長崎に関する事実関係が外に伝わることをきびしい報道管制でチェックするとともに、「戦争の早期終結のためには原爆投下は正しかった」「原爆投下は多くの人命を救った」などとする宣伝を国家的規模で行い、多くの米国人の間に核肯定の意識を植えつけたのです。

*7 国家プロジェクト：マンハッタン計画。■質問1参照。

米国は今日に至るもなお、米国人の間に根づいた核肯定感にも支えられて、原爆投下を正当化する立場に固執しています。理由はハッキリしています。原爆投下が犯してはならないあるいは繰り返してはならない過ちであることを認めると、核兵器の保有を正当化する根拠は失われ、米国は核固執政策を断念しなければならなくなるからです。

核に対する世界の常識

「日本は唯一の被爆国だから、核廃絶は日本人の誰もが望んでいること」と言ったら、誰もがうなずくでしょう。歴代の首相、外相でさえ国連総会の演説などで核廃絶の必要を口にしてきました。

でも、この日本的「常識」は実はいくつかの点で正確ではないのです。

第1に、原爆を戦争で実際に落とされた国は確かに今日に至るまで日本だけですが、核実験によって多くの人びとが放射線を浴びています。また、世界各地のウラン採掘場でも多くの労働者が被曝し、チェルノブイリ、福島原発事故でも多くの人びとが被曝しています。

私たちはともすると核兵器による「被爆」とそれ以外の「被曝」とを使い分けしますが、放射線を浴びるという本質においてなんの違いもありません。「被爆国」を「被ばく国」[*8]と理解すれば、「被ばく国」は日本だけではないことが直ちに理解されるはずです。45年当時はともかく、今日に至るまで「日本は唯一の被ばく国」と称するのは実におかしな認識というべきです。これが核と原発を別個の課題として考えさせ

*8 被ばく国：放射能を浴びた被ばく者がいる国・地域。

ていたのかもしれません。

第2に、核廃絶を望んでいるのは日本人だけではありません。いや、広島・長崎の限られた人びとを除けば、私たち日本人が放射線の恐ろしさに直面し、核廃絶を真剣に言いだしたのは、第2次世界大戦後9年経った第五福竜丸事件*9以後のことなのです。世界ではそれより前から核廃絶を求める広範な国際世論*10の動きがありました。

ごく一部の狂信的な核信奉者を除けば、核廃絶が望ましいということを正面から否定するグループは、米国人の間でもごくごく少数でしょう。その証拠に、2009年4月に「核兵器のない世界」というビジョンを掲げたオバマ大統領のプラハ演説*11は、米国国内でも広く好感をもって迎えられました。

核抑止論についての議論を深める前提として、もう2点はっきりさせておくべき問題があります。

ひとつ目は、「核兵器廃絶」と「核廃絶」は同じことかということです。私の結論から先にいえば、2つは同じであるべきです。核兵器も原発も放射線による被ばくを引き起こすことにおいて変わりはないからです。核エネルギーは、核分裂反応で生みだされるエネルギーで、そのエネルギーを兵器として利用するのが核兵器であり、発電に利用するのが原発です。問題の本質は、核分裂反応は必然的に放射線を大量に放出するし、放射能をもつさまざまな物質（核分裂生成物）を生みだし、これが被ばくを引き起こすということです。私たちは、核兵器の廃絶にとどまらず、原発を含む核の廃絶という問題に向きあう必要があるのです。

2つ目は、私たちが使い分けしている「核開発」と「原子力の平和利用」という用

＊9 第五福竜丸事件：1954年。23ページ参照。

＊10 国際世論：代表的なものとしては、50年3月のストックホルム・アピールを受けた世界の5億人の署名を得た活動がある。

＊11 プラハ演説：オバマ米大統領が核兵器廃絶を宣言。核実験の早期禁止、核不拡散条約の強化など具体的な目標を提示した。

プラハで演説するオバマ米大統領

語の問題です。イランや北朝鮮のように核兵器開発の疑惑がもたれている場合は「核開発」と言い、それ以外のケースを「原子力の平和利用」として、区別するのが当然のような受けとめ方があります。しかし、これにはまったく根拠がありません。世界的な常識では、核兵器の原料になるプルトニウムを大量に保有する日本は、いつ核兵器開発に乗り出すか分からない潜在的核兵器保有国なのです。用語の使い分けで本質を曖昧にするようなことがあってはなりません。

破綻した核抑止論

米国が編み出した核抑止論はいまや完全に破綻しています。核兵器は究極的な大量破壊兵器であるという点において、人類の生存そのものを脅かす存在です。そして、核抑止論は、核兵器を使う決意があるということを前提としてのみ「有効」な考え方なのです。「核兵器の存在が戦争の勃発を食い止める」とする核抑止論には何の根拠もありません。

たしかに米ソ冷戦時代には、核相互抑止によって「戦争のない状態」が維持されているという主張が行われました。しかし、この主張自体、科学的には実証不可能なものなのです。百歩譲ってその主張を認めたとしても、米ソ冷戦が過去のものになった現在では、そのような主張の前提条件そのものが存在しません。

いま現にある事態は、世界最強の核大国・米国による先制攻撃の現実的可能性に対して軍事的に身構え、その一環として核武装という選択肢に走る国々[*12]が後を絶たないという悪循環なのです。米国は核武装を目指す国々の存在を利用して、自らの核戦略

＊12 現在の核保有国は、米国、ロシア、イギリス、フランス、中国、インド、パキスタン。さらに核兵器保有が強く疑われているイスラエル、核武装化を進めているといわれている国としてイラン、北朝鮮がある。

を正当化しています。この事態を根本的に改める唯一の正解は、米国の核固執政策を改めさせる以外にはないのです。

21世紀の世界が直面している、つぎの3つの課題はもはや伝統的な権力政治の考え方では対処しきれないものばかりです。

第1に、人間の尊厳の普遍的価値を承認するかぎり、いずれの国家に生を受けたかにかかわりなく、基本的な人権をすべての人間に保障し、実現しなければならない。

第2に、21世紀の世界にとっての最大の課題は、20世紀までの1国単位の安全保障ではなく、いかにしてこの地球の環境を人類の持続的生存を可能なものに保全するかということにある。

第3に、国際的な相互依存がかんじがらめに国際関係を支配するに至った21世紀の世界では、戦争に訴えることは米国を含めいかなる国家にとってももはやあり得ない選択肢になっている。

日本の責任と役割

核廃絶を実現するための出発点は、米国に同国発の核抑止論をスクラップさせ、核固執政策を改めさせることです。権力政治の発想を根本的に解体し、歴史のごみ箱に投げ捨てないかぎり、人類の未来はないのです。そのためには核廃絶の国際世論の対米圧力を格段に強める必要があることはいうまでもありませんが、そのためにも私たち日本人には特別に重要な役割と責任があることを認識する必要があります。

繰り返し言いますが、米国の核固執政策の根本は広島・長崎に対する原爆投下の正当化にあります。鬼畜米英《きちくべいえい》から対米追随路線に転換した戦後の歴代保守政権[*13]は、原爆投下に対する米国の責任を追及することはおろか、その反人道的過ちを正面から指摘すること自体を避けてきました。多くの国民もこの問題を直視しませんでした。

しかし、いま私たちが米国の原爆投下責任を正面から問いたださないかぎり、そして米国にもの申す姿勢を日本政府に確立させないかぎり、米国の国内世論を動かすことはできず、したがって米国の核固執政策を転換させることは至難でしょう。

また、歴代の日本政府が米国の原爆投下の責任を曖昧にしてきたのは、日本が原発政策を推進する一方で、日米核軍事同盟を肯定し、その同盟国の役割を忠実に担い続けてきた政策[*14]が、核廃絶を本気で追求することと根本的に矛盾するからです。

逆に言えば、日本が「原子力平和利用」神話と対米核抑止依存政策をキッパリ清算することそのものが、米国の核固執政策に対する最大の痛撃となって作用するのです。日本政府をこういう立場に立たせることができるかどうかは、ひとえに主権者である私たちの決断にかかっています。私たちが動けば日本の政治を変えることができ、そのことは核廃絶の国際世論に計り知れない力を与え、両者があいまって米国に対して核固執政策の見直しを迫ることになるのです。

（浅井基文）

＊13 歴代保守政権：自民党政権だけでなく今日の民主党政権も含む。

＊14 米国との軍事同盟政策：その不可分の一環が拡大核抑止政策、すなわち米国の核の傘への依存。

質問
3

米国《べいこく》の核《かく》によって守《まも》られている以上《いじょう》、日本《にほん》への核兵器配備《かくへいきはいび》は、当然《とうぜん》ではないのか？

非核三原則の由来

「核兵器を持たず、作らず、持ち込ませず」といういわゆる「非核三原則」を日本の核政策として最初に公式に表明したのは、１９６８年当時、自民党政府の首相だった佐藤栄作です。今日ではこの原則だけが一人歩きしている感がありますが、佐藤首相は当時、核廃絶・核軍縮、対米核抑止力依存、原子力の平和利用という従来からの政策に加え、非核三原則をいわば付け足す形で「四つの柱からなる核政策」を唱えたというのが正確な事実関係です。

平たく言えば、日本の安全保障を日米核軍事同盟に委ねるという戦後保守政治の基本政策は動かさない、しかし、いわゆる政治的考慮から非核三原則を口にせざるを得

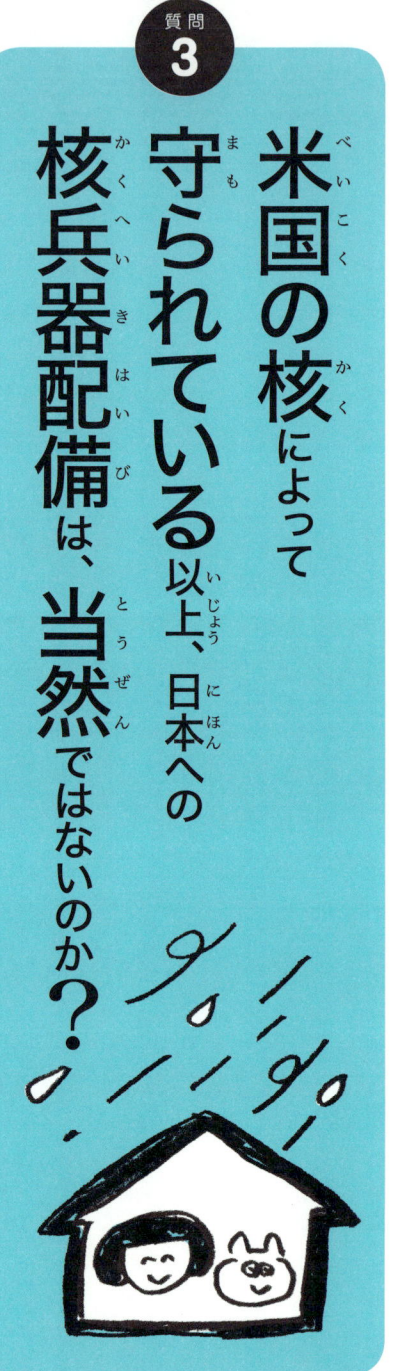

なかったということなのです。

その政治的考慮の最大の要素は、端的に言えば、広範な日本国民の間で共有されていた反核感情の重みを無視できないということでした。多くの日本人の反核感情の戦後の出発点になったのは、第五福竜丸事件*1でした。この事件をきっかけにして東京都杉並区の主婦たちが始めた水爆禁止署名運動が全国に広がり、翌年の原水爆禁止世界大会へと結実していきました。この全国的な運動の過程で、ようやく広島・長崎の記憶が呼び起こされ、「ノーモア・ヒロシマ／ナガサキ、ノーモア・ヒバクシャ」が当時の国民的な反核感情のコンセンサス*2となっていったのです。

国民的な反核感情は、佐藤首相が自らの政治生命をかけてとり組んだ沖縄の施政権返還問題の成り行きにも大きな影響を及ぼしました。返還前の在沖縄米軍基地には核兵器が持ち込まれ、配備されていたことは周知の事実であり、核兵器の配備が行われていないとされていた本土と同じ状態で返還（いわゆる「核抜き本土並み返還」）を実現できるかどうかが最大の政治的な争点となったのです。

対米交渉の初期の段階では対米配慮から態度を曖昧にしていた佐藤首相でしたが、国民的な反核感情を背景にした国会論戦での圧力に抗しきれず、最終的に非核三原則を沖縄にも適用するという形で「核抜き返還」にコミットしたのです。

このように非核三原則は、国民的な反核感情と自民党政府の日米核軍事同盟堅持政策との間の「折り合いをつける」という、政権側からすると政治的妥協の産物としての性格をはじめから色濃く帯びており、佐藤政権以降の自民党政権が進んで堅持してきたものではありません。そのことが、核をめぐる深刻な問題を生むことになったの

＊1 第五福竜丸事件：54年、ビキニ環礁で行われた米国の水爆実験によって被爆し、マグロ漁船第五福竜丸の乗組員が被爆、久保山愛吉氏が死亡した事件。

＊2 反核感情のコンセンサス：米国軍による日本占領直後からの徹底した隠蔽工作によって、広島・長崎は10年近くも国民の意識に上らなかった。

第五福竜丸の被爆で張り出された魚屋の張り紙
（第五福竜丸展示館蔵）

です。

欧州が灰燼《かいじん》に帰しても「核の傘」に入る覚悟

日本が独自に核武装するべきだとする主張は、一部の保守政治層の間で早くから唱えられてきました。現実に、核不拡散条約（NPT）への日本の加盟の是非が政治的な議論を生んだ背景には、日本独自の核武装の手を縛る条約に対する抵抗感[*3]があったからでした。

しかし、日本独自の核武装への動きを警戒する米国との関係を良好に保つことを優先した歴代自民党政権は、日本の安全保障を米国の「核の傘」[*4]を含む日米軍事同盟に依存する政策を選択しました。したがって、非核三原則の核兵器を「持たず」「作らず」という点はもともと重大な障害ではなく、問題は核兵器を国内に「持ち込ませず」という点にあったのです。

核抑止論を肯定[*5]しながら、米国の核兵器の持ち込みは認めないとした佐藤政権以後の日本政府の立場がいかに支離滅裂な代物であるかは、日本と同じように、米国の「核の傘」によって安全を図る立場を採用していた北大西洋条約機構（NATO）[*6]の国々と比較するとはっきりします。

NATOは、ソ連の軍事的侵攻を米国の核戦力によって思い止まらせる、また、抑止力が効力を発揮せず働かなくてソ連が侵攻してきた場合には、米国の核報復力によって対抗し、撃退するという政策を採用していました。

この政策を採用したNATO諸国にとっての最大の懸念材料は、米国がいざという

＊3 条約に対する抵抗感：一部の保守政治家、政府、外務省に条約が日本独自の核武装の手を縛るという政治的な判断があった。

＊4 核の傘：拡大核抑止力により「守られる」こと。

＊5 核抑止論の肯定：核の抑止力を肯定するか、否定するかを問題にするとき、はじめて「持ち込ませる」か「持ち込ませない」かの議論になる。「持ち込ませない」ならば、核抑止力論そのものを否定するしかない。

＊6 NATO：North Atlantic Treaty Organization

時に核戦争に踏み切ってまで、つまり米国自らが核攻撃を受けることを覚悟の上で、欧州諸国を守り切るかどうかについて確信をもてないということでした。いざとなれば、米国は自らの安全を優先し、ソ連と手を打ってNATO諸国を見殺しにするのではないかという懸念を拭い去ることができなかったのです。

その懸念を払拭するために、NATO諸国が行った選択は苛烈なものでした。人質として米軍の欧州駐留を受け入れるのみならず、NATO諸国への核兵器の「持ち込み」配備をも認めるというギリギリの決断をしたのです。つまり、自らが核戦争の当事者になる、欧州が核戦争の舞台になって灰燼に帰すという最悪の事態をも受け入れ、この代償として、米国に対してNATO諸国との一蓮托生《いちれんたくしょう》の運命の受け入れを迫ったわけです。

米国の「核の傘」によって欧州の安全を確保するという政策は、自らの生存をまな板に乗せる悲愴なまでの覚悟を伴ってのみ、成立するというのがNATO諸国の政治哲学でした。

いまの私たちには想像もつかないことですが、当時のNATO諸国にとって、ソ連の軍事的脅威はそれほどリアルで、深刻なものとして受けとめられていたのです。当時の日本にも「ソ連脅威論」はありましたが、極東におけるソ連の軍事力は大したものではなく、日本国内を覆っていたのはむしろ抽象的な「共産主義（アカ）の脅威」という感覚でした。だから、米国の「核の傘」には頼る、しかし、「持ち込み」はダメという支離滅裂な「政策」になったというわけです。

「核の傘」が政策として成立する前提条件

正確を期するため、米国側の立場も理解しておく必要があります。米国がNATO諸国に核兵器を配備する政策をとったのは、核戦略の変化に伴うものでした。

50年代の米国では、「ソ連が侵略戦争を仕掛けてくれれば、米国の圧倒的な核戦力で対抗する」という威嚇で押さえ込む政策「大量報復戦略」が採用されていました。

しかし、ソ連が急速に核戦力を増強し始めると、この戦略では政策的な柔軟性を欠いてしまうという認識が米国に生まれました。つまり、核大量報復とは取りも直さず全面的核戦争を意味しますから、米ソ共滅という結果しかないわけです。

そこで60年代に入って米国が採用したのが、ソ連の攻撃に対して最初は戦術核兵器で対応し、それでもソ連が攻撃をやめないときには戦域核兵器を使用するという段階を踏むことで、いわば時間稼ぎをして、全面核戦争の破局に至る前に事態を収拾する可能性を生みだすという段階的エスカレート戦略（柔軟反応戦略）でした。

このようにNATO諸国への核「持ち込み」には、米国とNATO諸国との間に思惑の違いがあったのですが、私たちがしっかり確認しておく必要があるのは、「核の傘」という考え方が政策として成立する前提条件には、受け入れ側（日本）にも提供側（米国）にも核戦争で国土が灰燼に帰すという最悪の事態を織り込むきびしい覚悟・決断が要求されるということです。

日本の核密約と国民の意識

米国の「核の傘」に頼って日本の安全を図るということは、米国の立場から言えば、日本がほかの国から侵略・攻撃される場合には、米国は核戦争を賭してでも日本を防衛するということです。したがって、当然のことながら米国は、日本がそれに見合うだけの覚悟（核兵器の配備、日本も核戦争という最悪の事態を自ら引き受けること）を求めることになります。

米国の段階的エスカレート戦略からすれば、軍事的・政策的選択肢の多様性を確保したい米国にとって、沖縄返還に応じる前提として米国側があくまでこだわったのは、有事における沖縄への核兵器の持ち込み（核の再配備）容認を日本側から取り付けることでした。

しかし、佐藤首相としては、有事だとしても核兵器の沖縄への持ち込みに唯々諾々と応じるわけにはいきませんでした。また、核戦争という最悪のシナリオを口にすること自体、政治的自殺行為以外の何ものでもないことは明らかでした。

非核三原則を言いながら米国の「核の傘」に頼るという立場は、「自分（日本）は核戦争の埒外《らちがい》に居たい。しかし、米国は核戦争が降りかかることを覚悟してなお日本の安全を守ってくれ」というに等しいものです。米国からすれば、そんな身勝手な日本とはまともにつき合ってはおられず、沖縄の返還などとんでもないことでした。

そこで佐藤首相が取った窮余の策は国民をだますという最悪の手法、いわゆる「核密約」でした。68年1月、佐藤首相は核の「持ち込み」を認めないとする非核三原則

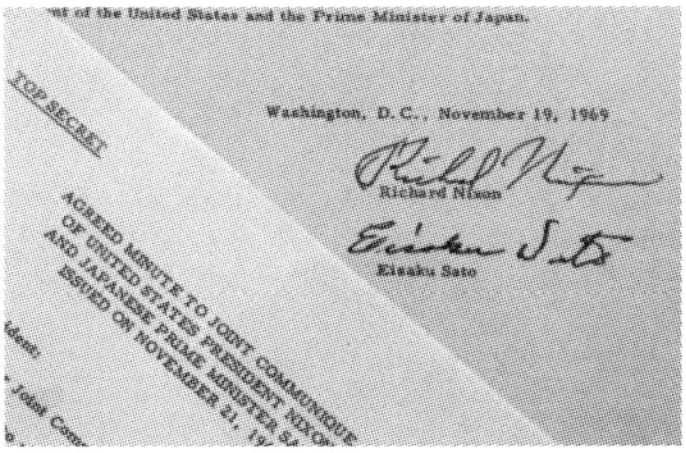

ニクソン米大統領と佐藤首相のサインが書かれた合意議事録の写し。「シークレット」の文字が見える（「読売新聞」2009年12月22日付）

を政策として公表したにもかかわらず、69年11月、ニクソン大統領とのトップ会談で有事の際の沖縄への核兵器「持ち込み」を認める密約をかわしたのです。

もうひとつの「核密約」いわゆる事前協議制度

核兵器の「持ち込み」に関しては、もうひとつの「核密約」があることも確認しておく必要があります。日米安保条約のいわゆる「事前協議制度」にかかわるものです。

返還前の沖縄と異なり、日本本土への核兵器の持ち込みはないとされていた、と前に書きましたが、「とされていた」という点に注目する必要があります。日本政府・外務省は国民に対しては核兵器の「持ち込み」はないと一貫して説明してきましたが、実は「持ち込み」はあったのであり、日本政府はこの事前協議制度を悪用して「クロをシロと言い抜けていた」のです。

日米安保条約には付属するいくつかの取り決めがありますが、そのひとつに在日米軍の日本での装備に関する「重要な変更」を米国が行おうとするときは、事前に日本政府と協議しなければならない、という「事前協議制度」があります。核兵器の持ち込みは装備の重要な変更に当たり、したがって事前協議の対象になることについては日米間で了解されていました。

問題は「何が持ち込みに当たるか」という解釈でした。国会でも錯綜した論戦があったのですが、とくに問題となったのは、核兵器を搭載する米艦船が日本に入港する場合あるいは日本の領海を航行する場合も「持ち込み」に当たるのか、ということでした。日本政府は反核世論に押される形で、入港も領海航行も「持ち込み」に当たる、したがって事前協議の対象になる、と最終的に答えていました。

ところが米国側は、核兵器の「持ち込み」*7に当たるのは陸揚げする場合であって、核兵器搭載艦船が入港したり、日本の領海を通過したりするケースは「持ち込み」には当たらないという理解をしていました。

ごく初歩的な軍事常識*8からいっても、日本政府の解釈に根本的に無理があることはあまりにも明らかでした。日本政府が採用した論理は、「米国政府が核兵器の持ち込みについて事前に協議を提案してくれれば、日本政府は非核三原則に基づいてノーと答える。しかし、米国政府が事前協議をもちかけてきたことはない。したがって、米国が核兵器を持ち込むことはあり得ない」というものでした。

このような主張がまったく議論にも値しないバカバカしいかぎりの代物であることは明らかです。事前協議の提案は米国だけの特権ではなく、日本側にも認められた権利ですから、日本側から事前協議を申し入れれば*9よいのです。直ちに米国からの答えが出るはずです。日本政府としては、自ら墓穴を掘ることはできませんから、このような苦しい言い逃れに終始してきたのです。

きわめて不自然なのは、国会論戦ではその点に関する「突っ込み」が野党側からもついぞなかったことです。また、国民「世論」においても、日本政府の言っていることは「眉唾」だという意識は広範にもたれてきたのですが、「くさいものには蓋」的な感覚、下手に藪《やぶ》をつつけば、非核三原則そのものの見直しという方向に議論がもって行かれかねないという懸念があって、そうした「政治的配慮」が事態の本質を表沙汰にすることを妨げてきました。

*7 「持ち込み」:「持ち込み」は introduction であり、単なる「立ち入り」である entry は含まれない、としていた。

*8 軍事的常識:核兵器を積んだ艦船が日本の領域に入る前に洋上で核兵器を積み卸しするなどということはあり得ない。ちなみに、91年9月、米ソ冷戦が終結したことを受けて米国は、水上艦艇と攻撃型原潜に搭載していた戦術核兵器を平時には撤去する方針を採用したので、そのかぎりでは、核搭載艦船の日本への入港および領海通過という問題は実際的に解消した。ただし、オバマ政権下でこの方針は再検討されている。

*9 事前協議の申し入れ:国民的な疑問を正すことに誠意をもって対応する政府ならば、米国側からの事前協議申し込みを待つことはない。

「非核三原則か『核の傘』か」という問題の根底には「日米安保・軍事同盟を終了するか、それとも堅持するか」という本質的な問題が潜んでいます。そのさらに根っこには「平和憲法か日米安保か」という、主権者である私たち国民が日本の平和と安全をどのように主体的に構築するのかという根本的な問題が横たわっています。

ところが、私たち国民の圧倒的多数は、60年のいわゆる安保闘争を最後に、「安保も憲法も」「米国の『核の傘』も非核三原則も」という自己分裂以外の何ものでもない「現実」に甘んじて身を置いてきたのです。NATO諸国におけるようなきびしい認識は、日本政府も多くの国民もともに回避して、その現実と直面しようとはしなかったのです。

このような状況が続くかぎり、日本世論における平和と安全にかかわる問題意識はいつまでたっても幼稚な次元に押しとどめられ、私たち国民が日本の平和と安全の真の舵取り・政治の主人公となることは「百年河清《かせい》を俟《ま》つ」ということになってしまいます。

（浅井基文）

質問
4

「非核三原則《ひかくさんげんそく》」はすでに北朝鮮《きたちょうせん》のミサイル脅威《きょうい》、中国《ちゅうごく》の軍拡《ぐんかく》の前《まえ》に、現実性《げんじつせい》を失《うしな》っているのではないか？

民主党政権の核密約の容認

非核三原則と「核の傘」という自己矛盾は早晩、政府または主権者・国民のいずれかによって問い直される運命にありました。そして先手を取ったのは国民ではなくて政府の方だったのです。そのために彼らが利用したのが「北朝鮮脅威論」であり、「中国脅威論」です。

朝鮮半島の非核問題を扱う「六者協議」での米国の姿勢に反発して北朝鮮が核実験[*1]に踏み切り、また、中国が、飛躍的な経済発展を背景にして、日米軍事同盟の変質強化に対抗しようと軍事力強化を進めることに対して、日本国内では「北朝鮮脅威論」「中国脅威論」が盛んに煽《あお》られるようになりました。

*1 北朝鮮の核実験：は06年10月に第1回目、09年5月に第2回目の地下核実験を行っている。

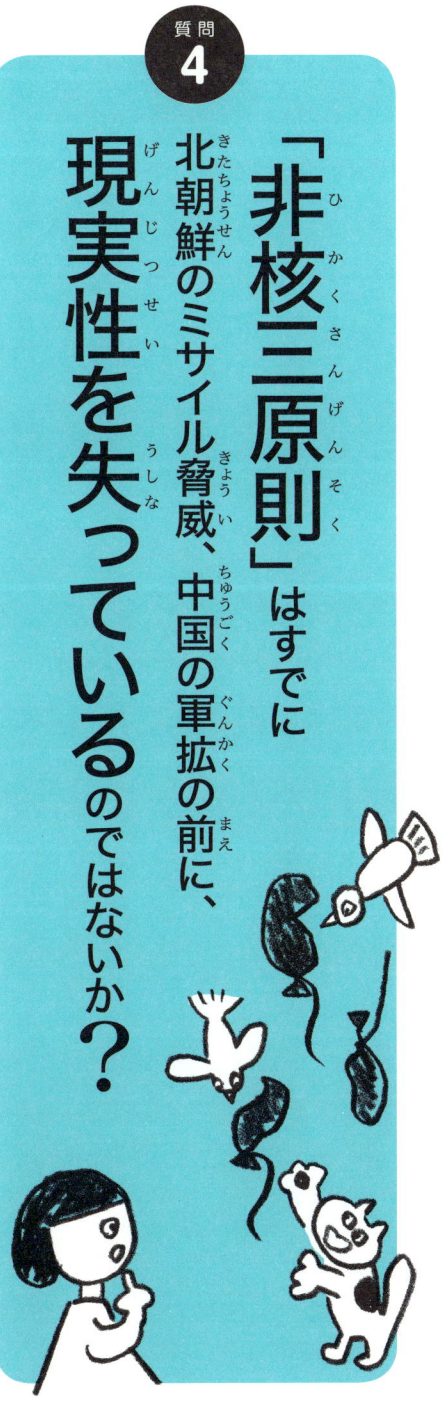

両国の脅威に対抗するためには米国の「核の傘」に頼ることはますます必要だとする主張が力を強めてきたのです。時期をほぼ同じくして、オバマ政権のもとで核政策の見直し[*2]機運が高まってきたことも日本国内における非核三原則見直しの主張を強めるきっかけになりました。

核タブーを打破という外務省の宿願

皮肉としか言いようがないのは、非核三原則見直しの主張を後押しすることになったのが、日本は非核三原則を堅持するべきだという立場に立つ共同通信の記者が書いた核密約の存在を暴露する記事[*3]でした。09年9月成立した民主党政権下、「北朝鮮脅威論」「中国脅威論」が国民の間に浸透しつつある状況に手応えを得ていた外務省は、この報道を逆手にとって、長年の非核三原則の束縛を取り払い、核のタブーを打ち破るという宿願実現に乗り出したのです。

確かな証拠を持ち合わせているわけではありませんが、取材に応じた外務省次官経験者の発言の狙いも、共同通信記者の意図に反して、非核三原則と「核の傘」との間の矛盾を非核三原則の見直しの方向で「解消」することにあったことは間違いないと思います。

民主党政権は、核密約の「有識者」委員会による核密約の事実関係の究明に乗りだし、核密約が、対米核抑止力依存の日米軍事同盟と非核三原則との絶対矛盾を取り繕う政策的な産物だったことを報告しました。[*4]その直後に岡田克也外相（当時）は、衆議院外務委員会での答弁[*5]の機会を利用して、佐藤首相による核密約を含め、歴代自民

＊2 核政策の見直し：同盟国への拡大核抑止政策の適用およびその一環としての戦術核兵器の米艦船への再配備を含む。

＊3 共同通信の記事：09年6月、4人の外務省次官経験者が米国の核兵器持ち込みに関して、日米間に密約があったことを明らかにした。

＊4 報告：10年3月、「有識者」委員会報告書発表。

＊5 答弁：10年3月17日。

党政権が核密約を行ってきた「苦渋の決断」に理解を示し、さらに「一時的寄港や領海通過についても……非核三原則の対象にする（こと）を危うくするような状況、例えば米国の核戦略が変わるというようなことになれば、それはお互い矛盾があらわになるわけですから、そのときにはしっかりと議論が必要になる」と発言したのです。

それだけにとどまらず「緊急事態ということが発生して、しかし、核の一時的寄港ということを認めないと日本の安全が守れないというような事態がもし発生したとすれば、それはそのときの政権が政権の命運をかけて決断をし、国民の皆さんに説明する」「本当にぎりぎりの局面になれば、……それは国を、国民の命をどう守るかという話でありますから、そのときの政権がぎりぎりの判断をどうするか、大事なことは、きちっと国民に説明する」と述べて、「核の傘」を優先して非核三原則を見直す可能性に公然と足を踏み入れたのでした。

私が理解するかぎりでは、これまでのところでは、民主党政権の公式な立場はこれ以上の深入りをしていないと思います。しかし、民主党政権はオバマ政権のもとでの米国の核戦略・政策の見直しがどのように進むかにきわめて大きな関心をもっていることは間違いありません。そして、将来的に非核三原則を見直す立場に立っていることも間違いないことでしょう。

自民党政権が消費税増税に踏み込めなかったのに対して、野田政権がいとも軽々とのめり込んでいる事態は、非核三原則さらには平和憲法そのものの命運を考えるときにもきわめて暗示的だと言わなければなりません。

非核三原則を投げ捨てる愚行

非核三原則は私たち国民が広島・長崎・第五福竜丸の体験から学びとった「人類は核兵器と共存できない」という歴史的かつ普遍的な真理を体現したものです。原体験から生みだされた反核感情は素朴なものですが、平和的生存のあり方を考える場合の国民的出発点なのです。

第1に、「核兵器に依拠した平和」(すなわち核抑止論)という考え方は、根源的に平和のあり方に関する認識とは矛盾します。「非核三原則」という定式化そのものは自民党政府によって作り出されたものですが、「核兵器を持たず、作らず、持ち込ませず」という内容は反核感情に立つ国民的コンセンサスを体現しています。なによりも重要なことは、非核三原則は圧倒的多数の国民によって支持されているということです。

第2に、非核三原則は、日本国憲法の拠って立つ原則である平和主義を具体化したものです。とくに第9条の戦争放棄および戦力不保持という徹底した内容は、侵略戦争に対する反省とともに、核兵器の登場によって戦争概念[*6]が一変したという人類史を画する認識に由来するものです。したがって、非核三原則は憲法の不可分な一部を構成するものであるととらえるべきです。

歴代自民党政権は、非核三原則は「国是」であり、基本政策であるとしても、その法制化には一貫して抵抗し、難色を示してきました。それは、非核三原則の法的性格(法的な拘束力)を認めると、米国の核抑止力に依存する政策を堅持しようとする立

＊6 戦争概念：戦争は「政治の延長・継続・手段」という伝統的な考え方。核戦争による人類絶滅の可能性によって、この戦争概念は維持できなくなった。

場が縛られるという警戒感に基づくものでした。

一方、非核三原則の法制化を主張する側の狙いが自民党政権の核政策の矛盾を突き、日米軍事同盟の非核化・脱核化を実現することにあったことは紛れもない事実でした。

非核三原則およびその内容は憲法第9条そのものに由来するものであり、その不可分の一部を構成するものです。そういうものとして本来的に法規範としての性格をもっているのです。それを改めて法制化するというのは、厳密に言えば、法規範性を念のために確認しておくという意味をもつに過ぎません。

もちろん、非核三原則を法制化することは決して無意味ではありません。しかし、厳密な理解としては、非核三原則は法規範としての性格をもっている、それをさらに法制化するというのは確認的意味合いにおいてのみ政治的な意味がある、と理解することが妥当です。

日本が非核三原則を堅持することはさらに、国際的に非核化の流れを生みだし、促進するために重要な意義があります。私たち主権者・国民が日米核軍事同盟に固執してきた戦後保守政治に引導を渡し、平和憲法および非核三原則を根底に据えた「力によらない」平和観に基づく対外政策を実行するならば、それは「力に基づく」平和観に立つ米国の対外政策に対して痛撃を与えることは間違いありません。また、国際的な反核世論を鼓舞することになります。

（浅井基文）

質問
5

日本《にほん》への核攻撃《かくこうげき》を防《ふせ》ぐのは、米国《べいこく》の「核《かく》の傘《かさ》」しかないのではないか？

「核の傘」とは何か

日本は、日米安保条約の下で、米国の「核の傘」に守られているとされています。日米安保体制についての外務省の説明によれば、日本は「自らの防衛力だけで日本の安全を脅かすあらゆる事態に確実に対応すること」ができないので、「在日米軍の存在とその抑止力」に頼るということになります。

１９５１年９月８日、日本の再独立を認める「サンフランシスコ講和条約」が調印された同日に、「日米安保条約」が締結されています。このことからわかるように、日本の再独立は、米国の政治的・軍事的な「傘」の下に入ることを前提に承認されたものなのです。

外務省のいう「あらゆる事態」の中には、当然核戦争も想定されています。日本が核攻撃を受けた場合は米国が核兵器で反撃する、それが日本を核攻撃しようとする勢力への抑止力になる、というのが「核の傘」という考え方です。そもそも抑止力という考え方は、敵国に対抗できる軍事力を保持することが、相手の攻撃意欲を削ぐという発想に基づいています。しかし、相手をしのぐ軍事力をもたなければ攻撃意欲を失わせることはできませんから、大国間の場合は軍備拡張競争を生み出し、また大国と小国の間では成立しない考え方なのです。

米国の「核の傘」の下に入る一方で、日本は「非核三原則」[*1]を「平和国家」の国是として掲げ、核兵器を保有・使用しないと宣言しています。しかし、戦時に米国の核兵器使用を予定するということであれば、相手にとっては日本が核武装をしているのと変わらないことになります。日本は、日米軍事同盟という一体の軍事力として核武装をしていることになり、「非核三原則」には大きな矛盾があります。

第2次大戦後の世界は、米国を中心とする「北大西洋条約機構」（NATO）に参加した西側諸国と、ソ連を中心とする「ワルシャワ条約機構」に参加した東側諸国との間の軍事対立の時代になりました。半世紀続いた東西冷戦[*2]の時代には、第3次世界大戦が起こって、米国を中心とする西側同盟軍と、ソ連を中心とする東側同盟軍が核兵器を撃ち合うことが想定されていました。その場合、太平洋方面では、ソ連に近い日本列島の米軍基地や同盟軍である自衛隊の基地に、まず最初にソ連の核ミサイルが落下してきたはずです。

「抑止」の論理が敗れて戦争が起こった場合、それが米国とソ連の軍事対決であれば、

＊1 非核三原則：67年12月、佐藤栄作首相が国会で表明。日本は核兵器を持たない、作らない、持ち込ませない、というもの。

＊2 東西冷戦：「冷戦期」と呼ぶと戦争がなかった印象があるが、実際には各地で「熱戦」が起こっており、名称として不適切であるという意見がある。

ソ連側が日本列島は攻撃対象から外して、ハワイや米本土だけを核攻撃するとは考えられません。攻撃目標となる在日米軍基地は、全国に広がっています。青森県にある対地・対艦攻撃能力に優れたF－16戦闘機部隊を中心に諜報部隊や海軍対潜哨戒機部隊も駐屯する三沢基地、神奈川県にある第七艦隊司令部が所在し世界で唯一空母部隊が母港とする横須賀基地、主に空母の入港・入渠《にゅうきょ》時に艦載機が利用する厚木基地、整備補給や増援の中継基地となる米陸軍相模補給廠、東京都にあるアジア方面の航空輸送の中枢である横田基地、山口県にある海兵隊のF－18戦闘機などの固定翼航空機部隊が駐屯する岩国基地、長崎県にある沖縄海兵隊の陸上戦闘部隊とヘリコプター部隊を載せて戦地に急行する強襲揚陸艦部隊が駐屯する佐世保基地、沖縄県にある対空戦闘能力に優れたF－15戦闘機を主力とする米空軍最大級の航空団や特殊部隊などが駐屯する嘉手納基地、侵攻即応部隊である海兵隊のヘリコプター部隊基地の普天間、海兵隊陸上戦闘部隊の基地群など、前進配備されている在日米軍が攻撃されないわけはありませんでした（上記の機種は冷戦後期から最近にかけてのもの）。

開戦となれば、空軍・海軍・海兵隊の戦闘機は即座にソ連極東地域への攻撃に飛び立つわけですから、在日米軍基地が優先的な攻撃対象になるのは、むしろ当然のことです。

核の先制攻撃を呼び込む「傘」

また、攻撃に飛来するソ連軍機は航空自衛隊の戦闘機によって迎撃され、ソ連海軍の主力である潜水艦隊は、海上自衛隊によって太平洋（米国方面）への進出を阻止されることになっていたので、日本の海空自衛隊基地や全国に展開する防空システムなども、優先度の高い攻撃目標になります。侵攻側が、まず相手のレーダー網をはじめとする防空機構を破壊してから、攻撃を行うのが現代戦の常識です。

米国海軍が、空母を中心とする水上部隊や揚陸作戦部隊・潜水艦隊など、バランスのとれた大規模な海軍部隊を保有したのに対して、ソ連は予算の制約などから、原子力潜水艦を中心とする海軍を編制していました。ソ連軍のアジア方面の中心基地は日本海に面したウラジオストックで、艦隊が太平洋に進出するためには日本列島線を通り抜ける必要がありました。

１９８３年に訪米した際に、中曽根康弘首相は、日本が「不沈空母」となってソ連空軍機を阻止し、またソ連の原子力潜水艦が日本海沿岸の基地から出撃して太平洋へ進出するために通航せざるをえない「三海峡」を自衛隊が封鎖すると、米国に約束しました。

この発言は、冷戦期の日米同盟軍の軍事戦略をよく物語っています。ソ連の戦略ミサイル原潜が米国本土を核攻撃し、攻撃型原潜（核魚雷などを装備）が、日本列島を盾として太平洋で行動する米空母艦隊を攻撃するためには、宗谷・津軽・対馬の３つの海峡を通過しなければなりません。その通り道を封鎖されることは、ソ連海軍にとっては死活的に重大な事柄でした。逆に言えば、冷戦期の米国にとっても、アジア方面での軍事戦略の重要なポイントでした。

この自衛隊による「三海峡封鎖」作戦には、東西冷戦の時代の軍事状況が象徴的に現れています。対馬海峡の北側は韓国の領海ですから、日本側の領海を封鎖しただけ

■三海峡地図

では役に立たず、戦時には米国の同盟国である韓国もこの戦略に同調することが予定されていたわけです。

ヨーロッパ方面では、西側諸国はＮＡＴＯという地域軍事同盟を結成していましたが、太平洋側では、米国が日米・米韓というような二国間の軍事同盟を束ねるという形で、実質的には多国間の同盟が作られていました。そして、日本と韓国の間には軍事機構はないわけですから、両国を束ねる米国の主導権が完全に実行可能な、事実上の地域軍事同盟となっていたわけです。

歴代自民党政府の憲法９条解釈では、日本が単独で「個別的自衛権」を発動するのは合憲ですが、ＮＡＴＯのような地域軍事同盟を結んで他国と一体化して武力行使をするのは違憲の疑いが強いとされ、多国間の軍事同盟には参加できないとされてきました。米国が二国間軍事同盟を束ねるというやり方は、アジア諸国の日本に対する警戒感を押さえつつ、また日本独特の、「集団的自衛権」[*3]の行使は憲法９条に違反するという解釈を維持できるように考えられた、巧妙な方法でもありました。

さらに「三海峡封鎖」作戦の場合、宗谷海峡の北側半分はソ連領海ですが、海峡を通航できなくするためには、北側でも機雷を敷設したり艦艇や哨戒機を投入して対潜水艦作戦を行う必要があります。ソ連の潜水艦を太平洋に進出させないためには、海峡はできるだけ早くに封鎖したほうがよく、他国領海への機雷敷設は戦争行為ですから、第３次世界大戦は日本がその初動の引き金を引いた可能性すらありました。

「核の傘」は、米軍が核兵器使用を予定するということですから、むしろ先制核攻撃を呼び込むことになったはずです。

（島川雅史）

＊3 集団的自衛権：政府の憲法９条解釈では、日本が単独で「個別的自衛権」を発動するのは合憲であるが、例えばＮＡＴＯのような多国間軍事同盟に参加して、他国と一体化して武力行使する「集団的自衛権」については、９条が許容する範囲を超えるとされている。日米安保体制は２国間の軍事同盟なので、「個別」ではなく「集団」になるはずであるが、政府は「個別的自衛権」の範囲内という解釈をとっている。

質問 6

中国《ちゅうごく》・北朝鮮《きたちょうせん》の日本侵略阻止《にほんしんりゃくそし》が米軍基地《べいぐんきち》の存在理由《そんざいりゆう》ではないのか？

日本防衛とは無関係の「前進配備戦略」

日本に駐屯する米軍は、米国の「前進配備戦略」に基づいて、冷戦期に敵として想定されたソ連・中国・北朝鮮に近く、東南・南西アジア方面を含めて、敵地を攻撃するのに便利な日本列島にあらかじめ配備されている戦力です。そのことは、在日米軍の戦力構成を見ても明らかです。

朝鮮戦争後、米国は領域守備を担う陸軍部隊は順次本国に引き揚げました。配備されたのは、移動を得意とする、空軍部隊と空母や強襲揚陸艦を中心とする海軍部隊、上陸作戦を特技とし敵地侵攻能力・機動力に優れた海兵隊[*1]など、みな戦時には日本の基地を足場にして出撃する部隊でした。

＊1 海兵隊：陸上戦闘部隊や戦闘機、ヘリコプターなどの航空部隊を有し、海軍の強襲揚陸艦で移動する米軍独特の軍種。上陸作戦専門部隊の色彩が強かったが、今日では特殊作戦能力をかわれて、最初に投入される緊急即応部隊の性格をもつ。

実際、アジアで軍事紛争や戦争が起こるたびに、在日米軍の各部隊はまっ先に出動しました。この間、第3次世界大戦こそ起こりませんでしたが、しかし世界は平和ではありませんでした。第2次大戦後の世界では軍事紛争が相次ぎ、中でも大規模な戦争であった朝鮮戦争、ベトナム戦争、湾岸戦争、そして今日のアフガニスタン・イラク戦争は、みなアジアで起こった戦争でしたが、そのすべてで在日米軍は先陣をきっています。

朝鮮戦争

朝鮮戦争の起こった50年には、日本はまだ米国の占領下にありましたから、米国は日本の地の利と人的・経済的資源を戦争遂行のために自由に使うことができました。戦争の初期には、占領軍として日本に駐屯していた海空軍部隊と、陸軍4個師団がまず朝鮮半島に投入されました。北朝鮮軍の攻勢によって、米韓連合軍が半島南端の釜山地域にまで追いつめられた時期には、韓国の基地を奪われた米航空部隊は日本に撤退して、日本各地の航空基地から「共産軍」攻撃に飛び立ちました。

「共産軍」側の航空戦力が弱かったために日本はふたたび空襲を受ける惨禍を免れましたが、マッカーサー極東軍総司令官は、朝鮮半島向け人員・物資の積み出し港である佐世保が攻撃を受けることを心配して、本国に高射砲部隊の増援を要求していました。

このとき、米国は出撃前線基地として、また後方兵站《へいたん》基地として、日本列島を最大限に利用しました。日本の工業力が、補給や整備に役立ちました。この経験が、米国の戦争のために日本を利用する、日米安保体制の原形となったと言えるでしょう。

台湾海峡危機とキューバ危機

中国と台湾の軋轢《あつれき》がひとつのピークを迎えたのが、58年の「台湾海峡危機」です。このとき、中国本土と台湾側の金門島などとの間で激しい砲撃戦が行われ、双方の戦闘機が空中戦を展開して、本格的な戦争の寸前という状況になりました。

このとき米国は3段階の戦略を立てていましたが、フェイズⅠの「台湾防衛」では府中基地に司令部を置いていた第5空軍の部隊が動員され、例えば那覇基地から発進した23機のF－86戦闘機が4時間強で台湾に到着しています。そして、フェイズⅢの「中国本土攻撃」作戦に備えて、米本土などから多数の空軍機が沖縄・日本・韓国の基地に集結しました。

軍部は、フェイズⅢに展開すれば、中国の厦門《アモイ》などの軍事拠点や上海空港を広島原爆級の「低出力」核兵器で「限定」攻撃することを計画していました。これが実行されれば100万人の死傷者が見込まれ、中ソとの核戦争に拡大する可能性が高い、まさに危機的な状況でした。統合参謀本部は、沖縄への報復核攻撃も予想していました。

62年のキューバ危機の場合も、世界が核戦争に直面した事件でした。米ソが開戦すれば、世界戦争ですから太平洋方面も戦場になります。在日米軍は「デフコンⅡ」（Ⅰは戦争なのでその直前の臨戦体制）の警戒態勢に入り、三沢基地所属の戦闘機が韓国の群山基地に飛び、そこで嘉手納基地から運ばれた「核弾核」を弾体に装着して待機したことが明らかになっています。

同62年12月と翌年3月には、ラオスを中心とする南西アジア情勢の緊迫化によって、「デフコン2」がふたたび発令され、沖縄にいた空母部隊は急遽南シナ海に向かい、核攻撃作戦の発動に備えています。

ベトナム戦争と「プエブロ事件」

ベトナム戦争でも、在日米軍は空軍や海兵隊をはじめとして、大挙して参戦しました。最初に南ベトナムのダナンに上陸して「アメリカの戦争」の第一歩をしるしたのは、沖縄海兵隊でした。以後、在日米軍はベトナムでの戦いに主力を注ぎます。日本はこの戦争においても、重要な後方支援基地・戦闘部隊や物資の中継基地となりました。

68年には、在日米海軍の諜報艦が北朝鮮に拿捕《だほ》されるという「プエブロ事件[*2]」が起こりますが、在日米空軍の戦闘機隊はベトナムに出払っていて可動機が少なく、拿捕を阻止できませんでした。在日米空軍が出撃していれば、第2次朝鮮戦争に発展したかもしれない重大な事態でした。

マクナマラ国防長官など米政府首脳は、北朝鮮の行動を米国の威信に対する重大な挑戦ととらえ、ベトナム沖で作戦中の空母などを日本近辺に回航させ、本土やグアムからB－52戦略爆撃機を含む空軍の大部隊を日本や韓国の基地に集中するなど、北朝鮮攻撃の態勢をとりました。しかし、ベトナム戦争の最中に朝鮮半島で第2戦線を開くことはできないという軍部をはじめとする慎重論が優勢となり、竜頭蛇尾の結果に終わっています。

＊2 プエブロ事件：在日米空軍司令官は、北朝鮮空軍に対抗するには機数が少なかったため、1度出した出撃命令を撤回していた。この失態で後に空軍参謀総長は大統領から叱責された。

湾岸戦争

90年8月、イラクのクウェート侵攻によって「湾岸危機」が始まり、その直後から、米軍の動員が開始されました。最初の目的はサウジアラビアの防衛のためとされましたが、後にクウェートの解放に変更されます。ヨーロッパからの米軍主力部隊の到着を待って翌91年初頭に開始された湾岸戦争は、米国が50万人の大軍を投入した20世紀最後の大戦争でした。後日に解禁された国家安全保障会議の秘密文書によれば、米国の本当の戦争目的は「石油資源の確保」でした。

プエブロ事件の教訓からか、嘉手納の戦闘機部隊は基地にとどまりましたが、その他の在日米軍部隊は、ベトナム戦争後に横須賀を母港とするようになった空母ミッドウェイをはじめ、多くの部隊が参戦しています。横須賀の第七艦隊司令部は中東に進出して、多国籍軍艦隊の指揮をとりました。

このとき、日本政府は「国際貢献」の名の下に自衛隊を派遣しようとしましたが、世論の反対を受けて実行できませんでした。米国は日本に多国籍軍参加を要求(ショウ・ザ・フラッグ)したとされていますが、この場合は、多くの国家、国際世論が米国を支持していることを示すという、政治的な意味が強い要求でした。軍事的には米軍兵力だけでも過大であったので、小兵力の自衛隊を派遣しても、国旗の数を増やす程度の意味しかもちませんでした。

しかしこの時の日本は、「軍資金」135億ドルを拠出[*3]するという、日米安保史上

***3** 135億ドル拠出：軍需品調達費、周辺諸国への「戦略的経済援助」などを含めて130億ドル、その後の円高による為替差損の補填として5億ドル。

でも画期となる「対米貢献」を行い、ブッシュ（父）大統領は日本の「実質的な貢献」に対して感謝する演説を行っています。財政に困難をきたしていた当時の米国にとって、自衛隊の小部隊を送ることよりもこの戦費拠出こそが、戦争を実行できた基礎として「実質的な」意味をもつ対米貢献でした。

アフガニスタン戦争・イラク戦争

90年代のイラクに対する断続的空爆や、2001年の9・11事件をきっかけとしたアフガニスタン戦争（OEF）[*4]、03年のイラク戦争（OIF）[*5]でも、在日米軍の部隊は、それぞれに出撃して遠征侵攻軍としての役割を果たしています。

海軍では、横須賀の空母キティホーク機動部隊は、OEF／OIFの両作戦とも開戦時に参加しています。佐世保の揚陸艦隊は、04年に沖縄海兵隊を乗せて出撃しました。強襲揚陸母艦エセックスは、海兵隊の揚陸後約6カ月間にわたって多国籍部隊の旗艦として行動しています。沖縄海兵隊は、ファルージャ市での、女性と14歳未満の男しか脱出を許さず市域を封鎖して砲爆撃を行い、さらに市街戦に突入して惨鼻を極めた攻囲作戦に参加し、自らも約50名の戦死者を出しました。空軍では、三沢基地のF－16戦闘機隊や横田基地の輸送機部隊、嘉手納基地の特殊部隊や警備大隊などが出動しています。

日本に対して、アーミテージ国務副長官は、アフガニスタン侵攻では「ショウ・ザ・フラッグ」を、イラク侵攻では「ブーツ・オン・ザ・グラウンド」という言い方で、参戦を求めました。アフガニスタン侵攻では、現地で日本の「国旗を見せる」こ

＊4 アフガニスタン戦争：不朽の自由作戦（OEF -Operation Enduring Freedom）と名付けられた。

＊5 イラク戦争：イラクの自由作戦（OIF-Operation Iraqi Freedom）と名付けられた。

と、つまり侵攻が国際的支持を受けていることを示す象徴的な意味が強かったわけですが、米軍が兵力不足に悩んだイラク占領戦争では、「1000足の靴」という表現で、具体的に自衛隊の兵力派遣を求めたとされます。イラク占領では、日本は陸海空の3自衛隊を戦域に派遣することによって、米国の要求を満たしました。それは、自衛隊の歴史の中でも特筆される、「専守防衛」からの大きな飛躍でした。

米空軍ニュースは、航空自衛隊のイラク派遣輸送機隊について、第2次世界大戦以来初の「日本空軍軍人が戦闘地域に配備される例」として報じています。海上自衛隊の給油艦は多国籍軍艦隊に燃料補給を行い、護衛艦は給油中の艦艇の護衛にあたるとともに、イージス艦はレーダー監視の防空任務や情報収集を担当しました。陸上自衛隊は、イラクのサマワに駐屯して、行動の見えにくい空海自衛隊とは異なって、マスコミの注目を集めました。

しかし、この3自衛隊を統括する指揮機構はなく、米中央方面軍の陸海空の指揮系統にそれぞれが組み込まれるという、冷戦後の「日米一体化」路線を実演したものでした。08年に、名古屋高裁は空自の多国籍軍兵員輸送について憲法9条違反であると判決しましたが、政府は判決の主題ではない「傍論」であるとして無視しました。

「専守防衛」と日米両軍の役割分担

日本は、憲法9条に明記されているように、「軍隊」や「戦力」はもたない「平和国家」として、戦後の再スタートをきったはずでした。しかし、50年の朝鮮戦争を契機として、警察予備隊という名前での再軍備が開始されます。警察予備隊は、朝鮮戦

ファルージャでの攻撃後、壊滅した街中を走る米軍戦車＝2004年,GALLO/GETTY

争に出動した日本占領軍（米軍）の治安任務を肩代わりする武力集団として創設され、憲法上の問題から名称などを含めて警察組織であるとされましたが、装備などの実態は完全な陸軍の復活でした。

52年には、警察予備隊は保安隊と改称され、海上保安庁に属していた海上警備隊を警備隊と名称変更し、この陸海2軍を合わせて保安庁が設置されます。海上警備隊は、大戦中に散布された機雷を掃海する必要から、旧帝国海軍から引き継いだ掃海部隊を中心とする組織でしたが、米国から供与された戦闘艦艇を加えて、新日本海軍として再出発します。

54年には、米軍の編制にならって航空部隊を独立させ、陸海空の三軍を備えた自衛隊に改編されます。自衛隊は年々軍備を拡大し、いまや日本はアジア有数の軍事大国となりました。

東西間の第3次世界大戦や、第2次朝鮮戦争・中台戦争などが起こったら、米軍は敵地への攻勢作戦をとり、自衛隊は日本列島線で迎撃や防御にあたるという、日米の役割分担が確立していました。核戦争の場合も、その役割分担は同じです。これが、自衛隊の任務とされる「専守防衛」の実際の姿でした。

21世紀に入って、財政難を理由とする米軍の縮小再編にともない、自衛隊を補完戦力として米軍に組み込むという、「日米一体化」路線がますます進行しています。

（島川雅史）

質問
7

米軍《べいぐん》が「事前協議《じぜんきょうぎ》」に反《はん》して日本《にほん》に核兵器《かくへいき》を持《も》ち込《こ》んだという証拠《しょうこ》はあるのか？

事前協議制を骨抜きにした密約

第2次世界大戦後から冷戦期を通して戦争を続けてきた米国は、局地戦が世界大戦に拡大しても即応できる態勢をとっていました。太平洋方面の第一線に前進配備されていた在日米軍部隊が、核戦争に備えることは当然のことでした。日本政府は米国の要求を理解していましたが、ヒロシマ・ナガサキ以来の反核兵器の国民感情を前にして核の国内持ち込みを公式に認めることができず、逆に持ち込みに反対するという姿勢を表明せざるを得ませんでした。ここに、日米政府が核持ち込みの「密約」を結んだ理由があります。

１９６０年の日米安保条約改定の際に、交換公文で定められた「事前協議制度」によれば、核兵器の「持ち込み（イントロダクション）」については、両政府間で事前に協議すると決められていました。そして、日本政府は、かりに米国から持ち込みの要請があっても断ると表明していました。また、核兵器を積んだ航空機・艦船が領土・領海・領空に立ち入ったり通過する場合も「持ち込み」にあたり、事前協議の対象になると説明していました。しかし、密約では、核の「通過（トランジット）」は対象外とされ、航空機・艦船に積載された核兵器については、黙認するということになっていたのです。

また、在日米軍基地からの米軍の戦闘出撃についても、「事前協議」の対象であるとされていました。出撃基地が、相手の反撃を受けやすいのは当然のことです。在日米軍基地が攻撃対象になれば自衛隊が「防衛出動」して、日本は自動的に相手国との戦争に突入することになります。日本政府は、日本が米国の戦争に巻き込まれるという批判に対抗して、事前協議制度の意義を強調し日本の利益に反する場合はノーと言うとくり返しました。しかし戦闘出撃についても、最も軍事衝突の可能性が高いとされていた朝鮮半島を事前協議の対象から外すという密約によって、米軍は事実上のフリーハンドを得ていたのです。

ラロック証言とライシャワー発言

政府が公表していたことと実態がかけ離れていたわけですが、日本政府は自らの言明を盾にとって、アメリカ側から事前協議の申し入れがないので、米軍は日本の領土・領海・領空に核兵器を持ち込んではいないと言い続けました。

米海軍の主力である空母は、50年代から、西太平洋のパトロール中に日本にたびたび寄港していました。核戦争即応態勢をとって、第一線の西太平洋でパトロールという名の前進配備に出動していた空母部隊が、日本の領海へ入る前に核兵器を降ろすというのはあり得ないことでした。

事実、実行者であるアメリカ側からは、何度も核持ち込みの証言がされていました。高官の発言としては、74年にラロック退役海軍少将が米議会において行った、日本に寄港する米軍艦が核武装を解除することはないという「ラロック証言」、81年のライシャワー元駐日大使による、日本は核兵器を積載した艦船・航空機の「通過」を認めていたという「ライシャワー発言」があります。

ライシャワー発言の場合は、池田内閣の国会答弁に不審を感じた米政府が、駐日大使に訓令を発して「通過」に関する日米密約の存在について日本政府に確認を求めたという、政府間の最高レベルでのやりとりです。ライシャワー大使は大平正芳外相と会談して、「寄港」は持ち込みと見なさないという密約を説明し、外相は「わかった」と答えて、その後の政府答弁は修正されました。大使が会談を本国へ報告した機密電報は現在秘密解禁されていますが、内容は81年の証言の通りです。

核武装した米軍艦が日本の近海に来てから武装解除するはずがないというのは軍事常識ですが、日本政府はあり得ない強弁を続け、米国政府も核の存在については肯定も否定もしないというNCND政策[*1]の背後に隠れて、日本政府の発言を否定しないという形で協力しつつ、核兵器の持ち込みを続けました。

＊1 NCND政策：No Confirmation No Deny の略。軍事的には、敵国に核兵器の所在を知られると攻撃を受けるので知られないためという理由であるが、政治的には、核兵器を配備している外国の核兵器反対運動に根拠を与えないという意味があった。

沖縄返還と空母ミッドウエーの横須賀母港化

日米政府の沖縄返還交渉では、沖縄米軍基地に配備されていた核兵器の扱いがひとつの焦点になりました。日本政府は、国内世論の圧力から「核抜き本土並み返還」を最優先の課題としました。米国政府の場合は、沖縄や本土における反戦復帰を掲げた民衆運動の高まりを前にして、沖縄の基地を維持することが最大の課題でした。返還によって植民地状態を解消することは、基地を維持するための、圧力緩和策と考えられました。

米国政府にとっては、即応核戦力については、戦略核兵器は大陸間弾道弾（ICBM）や潜水艦発射弾道弾（SLBM）の配備が進み、戦術核兵器なども第七艦隊[*2]や韓国等の基地で代替が可能であったので、朝鮮半島戦闘出撃問題や繊維摩擦など貿易問題を含め、日米交渉全般を有利に進めるための取引材料でした。米国は平時の核兵器撤去は受け入れましたが、戦時の再持ち込みを条件としました。

佐藤栄作首相は米国の方針に同意していましたが、自ら提唱した「非核三原則」に反することになり公表できなかったため、大統領と首相の間で戦時持ち込みの密約が結ばれることになりました。また佐藤首相は、朝鮮半島だけでなく台湾の安全も日本にとって重要であり、事前協議には「前向きにかつすみやかに」応ずると述べて、事実上米軍の自由出撃の範囲を拡大しています。

沖縄返還が実現した72年に、ベトナム戦争後の米軍再編の一環として、横須賀基地が、米国領土以外では世界で唯一の空母機動部隊の母港となりました。米海軍の主力

＊2 第七艦隊：太平洋地域のハワイ以西を担任範囲とする、米海軍で最も有力な実戦部隊。司令部は横須賀基地に所在し、洋上で指揮する場合は指揮艦ブルー・リッジを使用する。

であり、核装備艦の象徴的存在である空母の母港化には反対が強く、日本政府は母港化ではなく西太平洋での「延長展開」途中の長期寄港であるという論理をつくり出しました。日本の港を基地としている米艦船の本拠地は洋上であるということになり、この辻褄の合わない論理の結果、５０００人以上の乗組員を擁する空母をはじめ随伴する護衛艦部隊、さらに、後に佐世保を母港とした強襲揚陸艦や掃海艦を含めて、第七艦隊の艦船乗員は在日米軍の人員に数えられないことになりました。この第七艦隊の姿に、非核三原則を掲げる平和国家日本の矛盾と実像が象徴的に現われています。

密約と民主主義

核の密約は、日米両政府によって両国共通の価値観であり同盟の基礎であるとされている、民主主義の内実を問うものでもあります。

２００９年の民主党政権の成立によってはじめて、すでに米国の秘密解禁文書によって明らかになっていたことですが、外務省も日米密約に関する秘密文書を公開することになりました。重要な文書が数多く不自然に「消失」していたり、歴代の首相・外相をはじめ関係者への聞き取りが行われていないなど、公開と歴史的事実の検証は不十分なものでしたが、それでも、いくつかのこれまで知られていなかったことや、外務省の思想と行動は明らかになりました。

例えば、ラロック証言が日本政府に与えた衝撃は大きく、田中内閣と外務省は、「トランジット」の核持ち込みを公認することを検討しています。このとき安川壮駐米大使は、米側に「過去の経緯について国民に如何に説明するか」に「く慮」していると言い、「日本国民をだましていた」ということになれば日米安保体制に「重大な悪影響」をもたらすと伝えた、と公電に書いています。松永信雄条約局長も、「政府不信」が「安保体制そのものの破壊」をもたらすことを心配しています。

しかし、外務省が検討していた対策は、情勢の変化を理由に過去の密約自体は認めずにトランジットを公認する、一時的寄港と称するために空母ミッドウェイの港内係留期間を1回最大1カ月とする、など表面だけを取りつくろおうとする姑息なものでした。しかし、この程度の変更でも国内政治的に実行困難とされ、結局は従来通りの全面否定を続けることになりました。

まさに、政府は国民を「だましていた」のです。主権者である国民は、権力を委任された政府が何をしているかを「知る権利」があります。これを無視して、国政の基本政策について、実際に行っていることと正反対の説明をする政府の行為は、民主主義の原理からして許されるものではありません。

（島川雅史）

質問
8

「核《かく》兵器《へいき》なき世界《せかい》」を呼《よ》びかけたオバマ演説《えんぜつ》の後《あと》、世界《せかい》は核廃絶《かくはいぜつ》に向《む》かっているのではないのか？

核兵器削減の動き、現実は……

オバマ米大統領が就任間もなくの２００９年4月、チェコ共和国のプラハで「核兵器のない世界を目指す」と演説し、その年のノーベル平和賞を受賞したことは記憶に新しいところです。「核兵器を使用した唯一の国としての道義的責任」に踏み込んだ発言は注目を集めました。米国が批准しなかったことで発効にブレーキがかかっていた「包括的核実験禁止条約」（ＣＴＢＴ）[*1]についても批准を目指すと宣言し、大きく踏み込みました。

そして、２０１０年にはロシアとの間で、両国が配備済みの長距離攻撃用の核弾頭のうち約30％を削減するという「戦略核兵器削減条約」（新ＳＴＡＲＴ）に調印しま

＊1 「包括的核実験禁止条約」：「部分的核実験禁止条約」（63年）では地下核実験が禁止されていないのに対し、あらゆる空間での核実験を禁止している。96年、国連総会で採択されたが、核保有国および核兵器保有の潜在的能力をもつ国計44カ国の批准が完了しないと発効されない。

した。2012年に入ってからは、米国が長距離攻撃用の核弾頭を最大で80％削減するという案を検討中とも報道されています。たしかに、核兵器削減の流れは歓迎すべきことです。しかし、このまま世界が核廃絶へ向かうとは考えられません。

まず、新START自体に抜け道があります。削減の対象となっているのは、配備済みの長距離攻撃用の核弾頭だけで、配備されていない核弾頭は無制限に備蓄できるからです。また、米議会は新STARTを承認する際に、この条約は米国のミサイル防衛システムの開発や配備を規制するものではないとの条項を付け加えました。

一方ロシアも、米国のミサイル防衛システムによって自国の安全保障が脅威にさらされると見なした場合は、新STARTを脱退できるという条項を付け加えたのです。

もっと重要なことは、こうした最近の核削減の動きの中でも、核抑止や戦略や核独占という従来の政策は一貫して変わらないということです。そもそもプラハにおけるオバマ演説でも、米国があくまで唯一の超大国としての立場を維持することが前提となっています。核兵器が存在する限り、敵の攻撃を抑止できるだけの核ミサイルは保有し、同盟国を防衛すると約束しているのです。

そして、オバマ演説で大統領が提案し、2010年から始まった国際会議「核セキュリティ・サミット」は、核兵器を用いたテロを防ぐための話し合いが目的であり、核の削減ではなく「核の管理」が課題とされています。つまり米国は、現実にはあまり効果のない核兵器削減についてのイニシアチブを取りながら、大国による核独占体制の維持、ないしはその体制の立て直しを図ろうとしているとも考えられます。

オバマ個人が理想として核廃絶を夢見ているとしても、米大統領として、多くの有権者が期待しているとおり「強い米国」であり続けるには、それを担保していると考えられている核兵器を手放せません。言うまでもなく、米国の核兵器の保有数はダントツであり、米・ロシアの保有数を合わせると世界の核兵器のおよそ95%になると推定されます。

大国による核独占の経緯

現在、核兵器を公式に所有しているのは米国・ロシア・イギリス・フランス・中国で、「公式」ではないかたちで核兵器を所有している国がありますが、ともかくもこの5カ国で、核兵器の99%を独占しています。

こうした大国による核兵器の独占体制は、どのように成立したのでしょうか。米国が世界に先駆けて原爆を開発し、45年に広島・長崎に投下してその威力を見せつけた4年後、ソ連が核実験に成功し、52年にはイギリスがそれに続きました。

一国だけで核を独占できていた間は、米国は核の国際管理を拒否していましたが、他国の保有が現実になり、とりわけソ連の核技術が想像以上に進んでいることに直面し、共同管理という名目で他国の核開発を管理・監視する方針に政策転換しました。一方で、核実験に対する国際的な非難は高まっており、米国としても、露骨な軍事目的には見えないかたちで、さらなる核兵器の開発を行う必要がありました。

おりしもイギリスで原子力発電の計画が発表されるなど、核の「平和利用」による経済的利益獲得の機運が生まれていました。原子力開発の国際協力を促進することを旗印にして核の「平和利用」で経済的利益を受けつつ、さらに核開発を進め、他国の

「平和のための原子力」を掲げた米国郵便切手
（1955年発行）

核を管理するという、一石三鳥の計画が生まれたのです。これが、アイゼンハワー大統領が53年に国連総会で行った「平和のための核」演説[*2]の動機なのです。この演説での提案を受けて、57年には国際原子力機関（ＩＡＥＡ）が設立されました。

他方で50年代終わりまでに、米英ソは約２７０回の核実験を行い、さらに62年のキューバ危機[*3]では「核戦争まで一歩手前」の事態となったこともあります。核実験の全面禁止を願う北欧やアジアなどの国々は積極的なイニシアチブを発揮しようとしましたが、米ソ両国は交渉を2国間だけのものに制限し、他国の発言を封じてしまいました。こうして63年、大気圏および空中での核実験を禁止する「部分的核実験停止条約」（ＰＴＢＴ）が結ばれたのです。

そしてこの上に立って68年には「核不拡散条約」（ＮＰＴ[*4]）を制定します。ＮＰＴは67年1月1日以前に核実験に成功した国を「核兵器国」と定義して、60年実施のフランスと64年実施の中国を核保有国と認め、それ以外の国の核保有を禁じたのです。ここに国連安全保障理事会の常任理事国でもある5カ国の包括的な核の独占体制が確立します。ＮＰＴは平和目的での原子力の開発や協力をうたう一方、原子力が軍事転用されないように、ＩＡＥＡによる査察などの手段（保障措置）を行使するとしています。

ＮＰＴ体制の矛盾と抜け道

5カ国の核保有を認め、それ以外の国の核兵器の開発や入手を禁じるＮＰＴ体制は、明らかに差別体制です。自分たちの特権的な地位が確立されたのを受けてはじめて、

＊2 「平和のための核」演説：アトムズ・フォー・ピース。国連第8回総会での演説。国際原子力機関の設立。この機関による核物質の平和利用のために保管・貯蔵・防護、原子力の平和利用の促進を提唱した。この演説を契機に、57年、国際原子力機関（ＩＡＥＡ）が発足した。

＊3 キューバ危機：59年のキューバ革命で親米政権を打倒したフィデル・カストロに対し米国が警戒姿勢を取り、キューバに接近したソ連はキューバに核ミサイルを配備した。米国が臨戦態勢の強化を進める中、62年10月に緊張が激化し核戦争の危機が迫ったが、ソ連がミサイルの撤去を発表し、回避された。

＊4 ＮＰＴ：米国、ロシア、イギリス、フランス、中華人民共和国の5カ国以外の核兵器の保有を禁止する条約。

米ソは核兵器の開発制限に向けた交渉を本格化させたのです（第一次戦略兵器制限交渉＝ＳＡＬＴⅠ[*5]）。

しかし、ＳＡＬＴⅠは核兵器の削減でなく、米ソが圧倒的に多くの核兵器を所有するという現状を固定し、核独占を保証するものでした。このため遅れて核兵器を所有したフランスと中国は、米ソの核兵器独占体制に反発し、「部分的核実験停止条約」（ＰＴＢＴ）にも、「核不拡散条約」（ＮＰＴ）の体制にもはじめは加わりませんでした。

５カ国以外に核兵器が拡散したケースをインドの例で紹介しましょう。インドは47年の独立以来、原子力の開発を行っていましたが、非同盟諸国のリーダー的存在であり、米ソどちらの「核の傘」にも入らず、「核抑止」とは異なる立場を維持していました。また、ＮＰＴが差別的な条約であると批判し、当初から加入しませんでした。しかし他方で、インドは隣国中国と国境問題で緊張関係にあったため、64年に中国が核実験に成功すると、ひそかに核兵器の開発を始め、74年に地下核実験を行い、世界に衝撃を与えました。

インドが核実験で用いたプルトニウムは、カナダから提供されたプルトニウム製造用の重水炉から取り出されたものでした。米国もインドに、原子炉で使われる重水を提供していました。両国とも「平和目的」の開発のためであるとして、何らの保障措置もつけずに、インドに無条件に提供していたのです。

カナダはインドの２基目の原子炉への援助を凍結するなど断固とした態度を取りましたが、米国はインドの核政策に与える自国の影響力が後退することを恐れて、イン

＊5 第一次戦略兵器制限交渉：69年より交渉が開始され、72年に調印された。米ソ両国の弾道ミサイルの数量を確認し、これ以上の追加をしないという規定をした。

ドに対する直接の制裁は行いませんでした。

そもそもインドの核開発の出発点になったのは、「平和のための原子力」政策に基づいて米国から提供された技術でした。インドの核実験は、「平和目的と軍事目的の核技術は分離することができるはずだ」という核拡散防止体制の前提が間違っていたことを明白にしたのです。この時点で70カ国以上がNPTを批准していましたが、この条約の意義を根本から揺るがす衝撃となったのです。

無条件の核軍備こそ目標

米ソ自身の核兵器の所有量を見ても、NPT条約がつくられた68年からの12年間、戦略核兵器の弾道数を米国が4500発から9200発に、ソ連が1000発から6000発に増やしています。「核抑止」理論に基づく核管理体制の中身は、米ソによる核兵器の独占と軍拡だったのです。

これまで核軍拡を推し進めてきた米国指導者が、何らの反省も外交政策の転換もせずに一見魅力的な言葉を振りまいたところで、決して実現するものではありません。核兵器国とりわけ米国が自国に都合の良い範囲内で一方的に進める核削減（核兵器を減らす）に惑わされることなく、無条件の核軍縮（核兵器をなくす）ことこそを求めるべきでしょう（現実にはいくつもの段階があるでしょうが、方向として）。

それは、兵器としての核をもつ国のみを問題にするのではなく、私たちがもっている、「平和目的」とされる核の利用＝原子力発電や核燃料再処理をやめようとする取り組みでもあるはずです。

（田浪亜央江）

質問
9

「テロ支援国家《しえんこっか》」や「テロ組織《そしき》」に核兵器《かくへいき》が渡《わた》ることを防《ふせ》ぐことが緊急《きんきゅう》の課題《かだい》ではないか？

イランの「核」だけが「危険」なのか

イランの核開発問題をめぐって、緊張が高まっています。通常の原子力発電では不要のはずの、高濃縮ウランの製造をイランが急ピッチで行っていると報告されているからです。２０１１年12月からコム近郊で遠心分離器約７００台が稼働し、２カ月間で約14キログラムの高濃縮ウランを製造したと国際原子力機関（ＩＡＥＡ）は報告し*1ています。

イスラエルがイラン攻撃への姿勢を強め、いまのところ米国がイスラエルの行動を牽制しているようですが、その米国自身は12年４月、サウジアラビアやカタールなど６カ国からなる「湾岸協力会議」（ＧＣＣ）と連携して、湾岸地域にミサイル防衛シ

*1 ＩＡＥＡ報告：この報告は具体的な証拠に基づいていないとの見解もある。

ステムの配備を進めることを決定しました。

　イランの核開発問題はそもそも02年、イランの反体制派がイラン国内のウラン高濃縮施設の存在を暴露したことに始まります。ＩＡＥＡとＮＰＴに参加しているイランが査察を受け入れた結果、それまで未申告のままウラン濃縮やプルトニウムの分離などを行っていた事態が明らかになりました。イランは、核開発はあくまでＮＰＴに基づいた平和目的のためだと主張しています。ＩＡＥＡの査察が拒否されたり、中断したりといったトラブルはどこの国での査察でもあることで、イランが特異なケースというわけではありません。

　イランが核兵器の開発を目指してウラン濃縮を行っているとする明確な証拠はなく、高濃縮ウランは医療用や実験用にも使われます。一方、平和目的だと断言できる証拠もありません。そもそも核開発の意図を「軍事目的」と「平和目的」に分けることなどできないのです。

　おそらく、イランは核兵器を製造する潜在的能力はもちたいと考え、この潜在能力自体がイスラエルに対する抑止力になると考えているのでしょう。イスラエルは何としてでも、イランが核保有国になることを阻止しようとしています。

　そのイスラエルが核兵器をもっているのは間違いないと見られています。イスラエルのディモナにある核兵器施設で働いていたモルデハイ・バヌーヌ[*2]が、１９８６年、イギリスの「サンデー・タイムス」紙に証拠写真を提供し、裏付け調査に協力しました。イスラエルは、48年の建国直後からフランスの協力の下で核兵器開発を行っていました。途中からそのことに気づいた米国も、見て見ぬ態度を通したのです。現在

＊2　バヌーヌ：イスラエルのモサドによって拉致され、イスラエルに送還後、スパイの罪を着せられ18年間投獄された。釈放後も移動・言論活動の制限を受け、当局の監視下にある。

400個の核兵器を保有していると推定されますが、NPTに参加していないイスラエルには、IAEA査察が及びません。

核兵器を保有しているともいないとも断言せず、現状では査察が実現する可能性もないイスラエルと、IAEAの査察を受け入れ、過去の未申請を認めているイランとでは、どちらが本当に危険なのでしょうか。

不拡散体制の中で拡散し続ける核

79年のイラン革命の最中における「在イラン米国大使館人質事件」以来断交が続き、「テロ支援国家」と指定されているイラン。かたや政治的にも社会的にも文化的にも特別な関係にある米国が、中東に関与するための足場としてきたイスラエル。米国は、この2つの国の核政策にはっきりとした二重基準を設けているのです。

問題は、こうした米国のダブルスタンダードがダブルスタンダードとして一貫しているならまだしも、短期的な利益のみに左右された、政策とも呼びにくい場当たり的な対応だということです。

その分かりやすい例が、パキスタンの核開発をめぐる米国の対応です。74年、インドの核実験を契機に、隣国のパキスタンも核兵器開発を目指しました。パキスタン人のアブドゥルカーディル・カーンは、ドイツで冶金学の学位を取り、働いていたオランダのウラン濃縮機器を開発する研究所から重要な資料の写しを盗み出して帰国します。そして豊富な資金をパキスタン政府から受けて核兵器開発の陣頭指揮をとりました。

米国中央情報局（ＣＩＡ）はカーンの動きを察知しますが、米政府はＣＩＡ分析員に圧力をかけたり報告を改ざんさえして、パキスタンの動きを放任し続けたのです。理由はソ連への対抗です。79年にアフガニスタンに侵攻した[*3]ソ連を撤退に追い込む狙いから、米国は隣国のパキスタンの協力を取り付けるために核開発の動きを黙認したのです。

結果論ですが、米国がパキスタンの核開発の動きを放置していたことは、新しいかたちの核拡散の要因ともなってしまったようです。カーンは北朝鮮やイラン、リビアなどにも核技術を売ったと言われていますが、正確なことは分かっていません。

しかし、パキスタンが核開発を行ったプロセスから分かるのは、世界各地からさまざまな名目やルートを使って材料を個々に調達し、ウラン濃縮をする遠心分離機を製造するという手法が使われていたということです。もちろん核兵器製造にしか使われない材料もありますから、疑念を抱いた企業が売却を断る場合もあるでしょうが、法に反していることが明確でない限り「知らなかった」ことにできます。このような国家を超越した民間のネットワークに対し、国家単位で規制や監視をしても追いつかないわけです。極論すれば、豊富な資金のある国が、本気で核兵器をもとうとすれば、国際機関が監視を行っても、それを完全に防ぐことなど不可能なのです。

核物質が、「核テロ」に使われかねない

核兵器の材料となる核物質[*4]を調達できなければ、核兵器の製造はできません。貧しい国でも国内にウラン鉱山をもっていれば、そのハードルが低くなりますが、国家を

＊3 アフガニスタン侵攻：79年、アフガニスタンに成立した共産党政権をムスリムの反体制派から守るためソ連が派兵を決定。米国はソ連の影響力拡大を阻止するために、ムスリムの義勇兵を支援した。89年、ゴルバチョフ政権によって完全撤退をするまで、アフガニスタン国内での犠牲は60万人と推定されている。

＊4 核兵器の材料となる核物質：プルトニウムあるいは高濃縮ウラン。

形成していない集団にとって、高濃縮ウランの入手はほぼ不可能でした。

しかし、冷戦の終焉とそれに続くソ連の解体は、核物質の拡散にとって重大な画期となりました。新独立国は核兵器こそロシアに返還し、非核兵器国になりましたが、核物質の管理知識や技術をもたない各国は、大混乱に陥りました。その状況の中で、ヨーロッパを中心に核物質の違法取引が頻発するようになりました。高濃縮ウランやプルトニウムが紛失したり、盗難にあったりするケースも多発しました。

米国は、核テロを防ごうと、躍起になって国際的な連携を呼びかけています。12年3月の核サミット終了時には、世界中に存在するプルトニウムや高濃縮ウランの廃棄・使用の最小化がうたわれました。これも米ソ両国が実験用などの名目で、友好国に核物質を供与していた冷戦時代のツケを何とか清算したいがための努力のひとつです。「平和利用」のために自ら拡散させていた核物質が、いまや「軍事利用」される可能性ばかりか、国家でない集団による「核テロ」に使われかねません。プルトニウム500トン(核兵器6万2500発分)、高濃縮ウラン1600トン(8万2760発分)が世界のあちこちに放置されているという事態になっています。

機密事項になっていましたが、96年まで日本国内にも高濃縮ウランが計580キロ(核兵器30発分)ほど存在しました。日本原子力研究開発機構や京都大学などから米国に返還されたことが、後に報道され[*5]ました。

「核テロ対策」ではなく

非国家集団が核をもつ可能性を警戒しなくてはならない時代になっています。得体

＊5 共同通信配信:08年12月27日付。米国から提供され、日本国内に存在した580キログラムの高濃縮ウランは、核兵器にそのまま使用できる濃度93%のものだった。現在、イランが約14キログラム製造したとされている高濃縮ウランは濃度20%。

の知れない何者かが、核物質をばらまく、あるいはスーツケース大の超小型核爆弾を持ち歩き、どこかで炸裂させる。たしかに不気味で、私たちの恐怖心を刺激します。

しかし、こうした恐怖が強調される一方で、あたかも大国は高度な理性をもって核兵器を管理しており、その核兵器は安全であるかのように思わされてはなりません。冷戦と抑止力の時代にこそ軍拡競争によって核兵器が大量に製造され、拡散が広がったのです。短期的な利益を優先した、米国の場当たり的でご都合主義の核政策が現在のような事態を生じさせたのです。そうしたことを一切棚上げにした「核テロ対策」に目を奪われ、核兵器をもつ国に対し核軍縮を求める姿勢を緩めるようなことがあってはならないでしょう。

テロの防止といった観点から、貧困と差別の解消に必要が唱えられることもありますが、貧困や差別の解消は、テロ対策や治安確保の目的ではなく、犠牲となっている人たちの人権や尊厳それ自体を回復するために行われなくてはなりません。核関連施設が稼働を続け、核物質が製造され続けていること自体が、さらに核拡散とテロの可能性を広げています。原子力発電を止め、これ以上核物質が増えていくことをストップさせることが重要なのです。どのような世界を求めるにせよ、核があっては誰も安心して生きられないのです。

（田浪亜央江）

質問
10

日本《にほん》の原発《げんぱつ》の輸出《ゆしゅつ》は経済活動《けいざいかつどう》の一環《いっかん》で、核《かく》の拡散《かくさん》などとは、まったく関係《かんけい》ないのではないのか？

ほそぼそと続いてきた原発輸出

日本の原発メーカーが海外に原子炉や原発関連機器を輸出することを一切中止すべきだという主張に対して、態度を保留する人もいると思います。韓国や中国などが、各国に原発の輸出攻勢をかけている、などというニュースに接すると、日本経済の停滞が自分の生活に波及する不安とも結びついて、焦燥感に駆り立てられるかも知れません。

日本で原子力発電がスタートしたのは１９６３年。ほぼ半世紀が経っていますが、原発輸出という話題が注目されたのは、ごく最近のこと、とりわけ３・11原発事故以降、野田政権の推進姿勢が目立つようになって以来です。

たしかに、80年代から原発に使われる機器などの輸出が、細々と行われていましたが、貿易規制のきびしさもあり、企業の姿勢は積極的なものではありませんでした。ところが、01年に始まった米国ジョージ・ブッシュ（息子）政権が、「原子力ルネサンス」を打ち出したことがきっかけで、「原発を世界に売るビジネス」が一部で注目されるようになったのです。

米国は79年のスリーマイル島の原発事故以来、原発産業は衰退の一途にあったのですが、ブッシュ政権は景気回復策として原発の復活を決め、日本の技術を必要としました。09年には、東芝がサウス・テキサス・プロジェクト原発の3号機と4号機を受注しています。これは原発の設計・調達・建設までの一括受注に日本企業としてはじめて成功した事例になりました。

ところが福島原発事故以降、米国原子力規制委員会は国内の原発の安全チェックを強化したため、米国向けの輸出で新たに認可を取るためには、コストと時間がかかり過ぎる事態になって、東芝による原発新規建設プロジェクトは暗礁に乗り上げています。

こうしたこともあって、日本政府と原子力業界は現在、アジアや中東への原発輸出に力を入れ始めたというわけです。11年12月には、ヨルダン、ベトナム、韓国、ロシアとの原子力協定が国会で可決されました。原子力協定がないと原発は輸出できませんから、これは、原発を輸出するための取り決めでした。

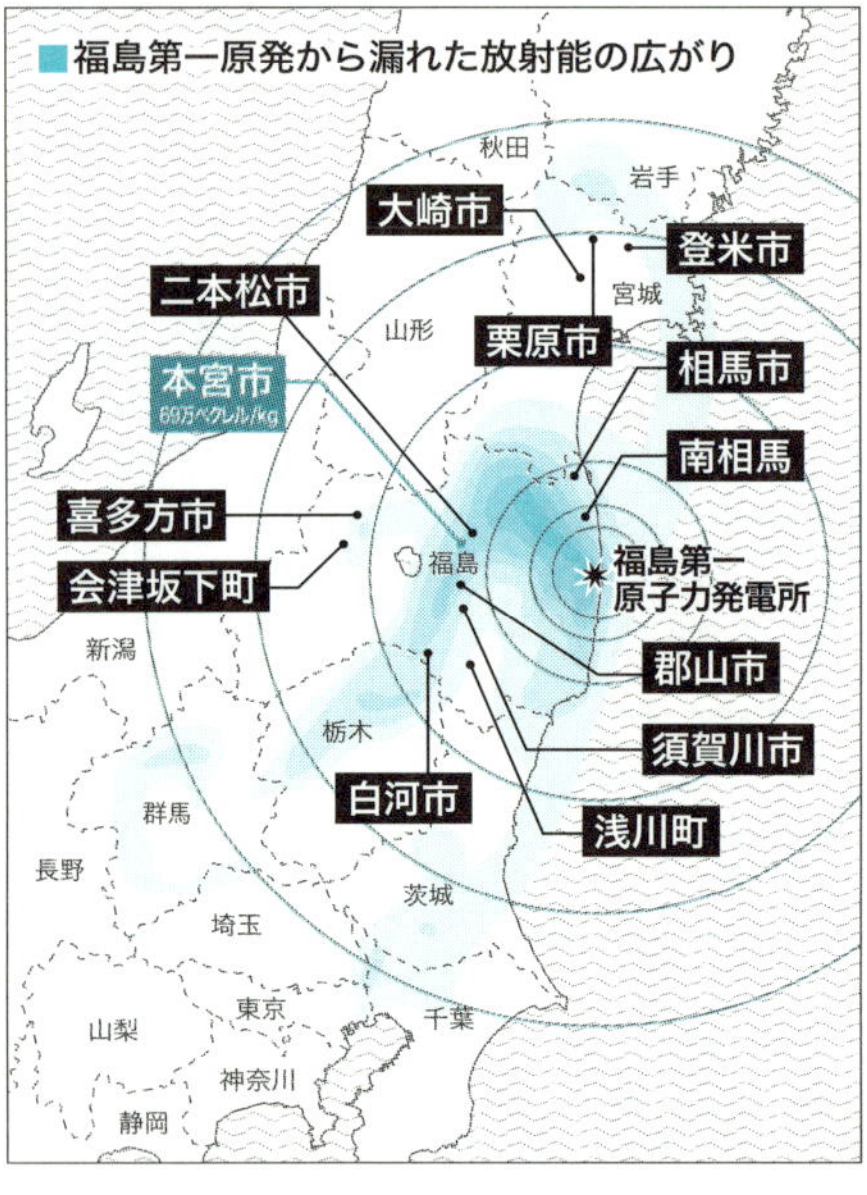

放射能汚染の広がり。
群馬大学早川教授作成
（2011年6月16日）

原発の輸出は、単なる経済活動などではない

日本政府や原発産業関係者の言い分は、「福島原発事故のあとも、日本の技術への信頼は失われていない。日本への期待に応える必要がある」、さらには「事故の教訓をいかして日本が最高レベルの安全管理を行うことで、世界の安全に寄与できる」と踏み込んだ主張も聞かれます。

しかし、福島第一原発事故の原因究明が終わっていないのに、どうして最高レベルの安全対策が取れるのでしょうか。相手が求めているからといって、安全が保障できないものを売っていいのでしょうか。日本政府は、原発を導入したいと考えている輸出先政府や原子力導入で利益を受けるグループのことしか見ていないようです。原発建設予定地周辺部を中心に起きている反対運動などは、まったく度外視しているのです。

原発の建設費は巨額ですから、実際には相手国がお金をその場で出して購入するのではなく、ほとんどの場合、日本政府が公金（私たちの税金）から支出して相手国に融資し、原発が稼働してからその利益で返済されるという仕組みが採用されます。こうした仕組みがなければ、相手国は高額な原発は買えないのです。ひとたび事故が起これば、日本は巨額の融資を回収できないばかりか、責任を追及され、補償を行わなければならない立場になります。

つまり原発の輸出は、決して一企業の単なる経済活動の範囲で完結するものではないのです。

日本は核武装を検討していた

さらには「日本が原発を輸出して、その監理をきびしくすれば、核兵器への転用を防げる」という、別の効用を説く主張もあります。しかしこれは、政権与党内にも核武装論者がいること、海外からも核武装をする可能性が高い国と見られてきたことを無視した、まったく見当外れの意見です。他国の核武装を防ぐどころか、日本の核武装が懸念されているのです。

日本政府は対米関係を最大限に重視し、米国の提唱する「平和のための原子力」路線に沿って、国際原子力機関（IAEA）に積極的に協力してきました。そして「核兵器を持たず、作らず、持ち込ませず」という「非核三原則」[*1]を国是に掲げました。

しかし、核不拡散条約（NPT）[*2]参加が日本国内で論議されていたさなかの69年、外務省の幹部が西ドイツ（当時）の高官にもちかけて箱根の旅館で極秘協議[*3]を行い、米国から自立するために日独が連携することを提案し、「将来的には核武装を検討する事態が起こるだろう」と発言していたのです。

この背景には、64年に中国が核実験を成功させたという背景があり、68年に成立したNPTに対して当時の日本が署名を躊躇していたことが原因と考えられています。

その最大の理由は、核兵器国5カ国のみに核兵器の保有を認めているNPTに参加すると、日本の核兵器保有が不可能になってしまうという懸念があったからです。西ドイツ高官との極秘協議が示すように、核兵器を保有するという選択肢を具体的に検討していたのです。

＊1 非核三原則：この三原則は、76年、日本が「核不拡散条約」（NPT）を国会で批准した際にも付帯決議の中に含まれた。

＊2 NPT：58ページ参照。

＊3 極秘協議：「核を求めた日本被爆国の知られざる真実」NHK（10年10月放映）。これを受けて外務省内で調査が行われ、当時の秘密文書が、現在外務省のホームページで公開されている。

時代は飛びますが、ソ連のアフガニスタン侵攻などで冷戦体制が再び緊張状態に入った80年代、清水幾太郎や中川八洋といった右派の言論人が、ソ連による核攻撃に備え、核武装すべし、憲法9条を改正せよと論陣を張りました。

北朝鮮の脅威などを理由に、核武装が主張されている現在は、核武装論をめぐる第3の画期と考えられています。冷戦体制が終わり、核抑止論を是認する立場からしても核兵器の存在意義が薄れている現在、核武装論がここまで声高に叫ばれている日本の状況は異様です。一部の右派言論人による、改憲とセットでの主張だけではなく、憲法9条に手を加えず、現行の憲法のままでも「小型なら原爆の保有も問題ない」[*4]といった発言が政治家から出されていることにも注意が必要です。

核武装という選択肢に不可欠な核燃料サイクル

70年代、NPT参加をめぐって政府内部で協議が続く中、外務省は「わが国の外交政策大綱」[*5]（69年9月）と題する極秘文書を作り、核兵器製造能力の維持を方針として掲げました。NPTへの参加のいかんを問わず、当面は核兵器は保有しない政策をとるものの、「核兵器製造の経済的・技術的ポテンシャルはつねに保持するとともにこれに対する掣肘《せいちゅう》をうけないよう配慮する」と明記しているのです。また、NPT参加を決定した後に出した文書の中には、NPTに入っていた方が「核燃料の入手の道を確保する上で、より安心だ」という一文があります。

日本政府の選択は、NPTが推進する原子力の「平和利用」の枠内で、核武装という選択肢・可能性を残そうというものです。

＊4　2002年2月、安倍晋三官房副長官（当時）による発言。

＊5　「わが国の外交政策大綱」は、外務省のホームページで公開されている。

これを実現する方法が、米国に全面的に依存しなければならない濃縮ウラン燃料ではなく、使用済み燃料を再処理して取り出したプルトニウムを燃料として使うという核燃料サイクル政策なのです。プルトニウムは核兵器用に転用できます。

核燃料サイクルを実現し得るほどの大型の再処理施設を保有しているのは、非核兵器国の中で日本だけです。米国と原子力協定を結んでいる非核兵器国は、再処理に関わる意思決定権を認められていません。

それゆえ、日本は、一度失ってしまえば二度と戻らない「既得権」として、核燃料サイクル施設を懸命に維持しようとしているのです。莫大な税金を投入し続けながら、事故と故障をくり返し、いつ実現するとも分からない核燃料サイクルに固執する理由は、「いつでも核武装可能な状態を維持する権利」を手放したくないためなのです。

そんな「権利」をもつ日本の政治家が、さらに堂々と核兵器をもてると公言しているのですから、日本の周辺国が警戒しないはずはないのです。

国内の原発が衰退してゆくという危機の中で、いま日本の政府と原子力産業は、やっきになって輸出によって産業と技術の延命をはかろうとしています。原発輸出をストップさせることは、核武装という選択肢をもち続けるという愚かな政策を変えさせることでもあります。

（田浪亜央江）

質問 11

電力供給《でんりょくきょうきゅう》のための原子力発電《げんしりょくはつでん》と戦争《せんそう》のための核武装《かくぶそう》を同一《どういつ》に論《ろん》じるのは、ためにする議論《ぎろん》ではないか？

原発は原爆開発の副産物

原発は電力を供給するため、核武装は戦争するため、原発と核武装とは別の話で、そもそも日本には憲法9条があり、日本の核武装なんかとても考えられない、そう多くの人が信じてきたと思います。

しかし原発と核兵器は別物というのは、とんでもない誤解です。

そもそも原子力発電は、原爆製造の副産物でした。第二次世界大戦の末期に米国はマンハッタン計画[*1]という巨大な原爆製造計画を立ち上げて、原子爆弾を完成させ、広島と長崎で無差別の大量住民虐殺を実行したのですが、日本が降伏し戦争が終わったあと、原爆製造用の原子炉が出す大量の排熱は捨てていました。その排熱を発電に利

＊1 マンハッタン計画：10ページ参照。

用したら、というところから原子力発電が生まれたのです。

原子炉は複雑、高価、危険な巨大施設ですが、原子爆弾製造には不可欠な装置でした。軍事というものは採算や環境汚染や後始末など考えず、破壊力の大きい爆弾を造りさえすればいいのです。

しかしこの巨大、高価、複雑、危険な装置を発電に転用するとなると、お湯を沸かし、蒸気をつくるためのただの熱源として利用することになります。石炭でも石油でも、薪でもできることを、この大げさな装置にやらせる、これほど不釣り合いな組み合わせは考えられません。

原子爆弾製造が初めになければ、こんなばかげたことは考えられなかったでしょう。

1953年、アイゼンハワー米国大統領が国連で「アトムズ・フォー・ピース」[*2]という演説をして、そこから「原子力の平和利用」が始まったと、どの教科書にも書いてあります。原子力がそもそも「軍事利用」だけのものだったので、わざわざ「平和利用」と断る必要があったのです。

そしてこの「平和利用」は、折から激しくなっていた米ソ冷戦の中で、濃縮ウランの提供と管理を通じて米国が傘下の国の原子力を支配する体制を作ってソ連と対抗するためのものでした。ソ連も同じことをしましたから、「平和利用」とはこの時期、冷戦中の二陣営の軍事的政治的な対抗分野の一つになりました。

「平和利用」とされている原子炉はすべて原子爆弾の材料を生産するための装置に切り替えることが可能で、軍事利用と平和利用の間には決定的な垣根はないのです。政治が垣根を取り払えば、原発はただちに核兵器の製造用に振り向けられるのです。

＊2 「アトムズ・フォー・ピース」：58ページ参照。

悪魔を天使に見せる「心理作戦」

さて日本の場合はどうだったでしょうか。50年代の半ば、米国から「原子力平和利用」キャンペーンが日本に持ち込まれ、それに呼応して、日本国内からも原子力を引き入れる力が動き始めました。

54年3月1日、米国の太平洋ビキニ環礁での水爆実験で日本の漁船第五福竜丸が被爆するという事件が起こり、それに対して実験禁止、原水爆禁止を求める草の根の大運動が日本全国で巻き起こりました。ヒロシマ・ナガサキの原爆体験がこの運動の中でノーモア・ヒロシマ、原水爆禁止の声として日本を包みました。

日本をソ連・中国との軍事対決のアジアでの砦としていた米国は、この状況に大きい危機感を抱き、アメリカ中央情報局（ＣＩＡ）など諜報機関も動員して、日本人の「核アレルギー」を薄めるため、原子力を悪魔ではなくて、天使に見せるための新しい「心理作戦」を開始します。それが「平和利用」キャンペーンでした。

「原子力時代」が来た、無限のエネルギーを産みだす原子力こそが人類の幸福を約束する、こういったキャンペーンがマスコミを巻き込んで展開され、米国製の「原子力平和利用博覧会」という催しが全国を巡回し、56年には広島に持ち込まれました。

広島では、原爆資料館から展示物を運び出し、そのスペースで博覧会は開催されました。原子力は死と破壊の象徴である原子爆弾でイメージされていました。アメリカはそのイメージを薄めようとしたのです。原子力は明るい未来と進歩の象徴だ、無限のエネルギーを与えてくれる「原子力時代」が来たのだというメッセージで、「核ア

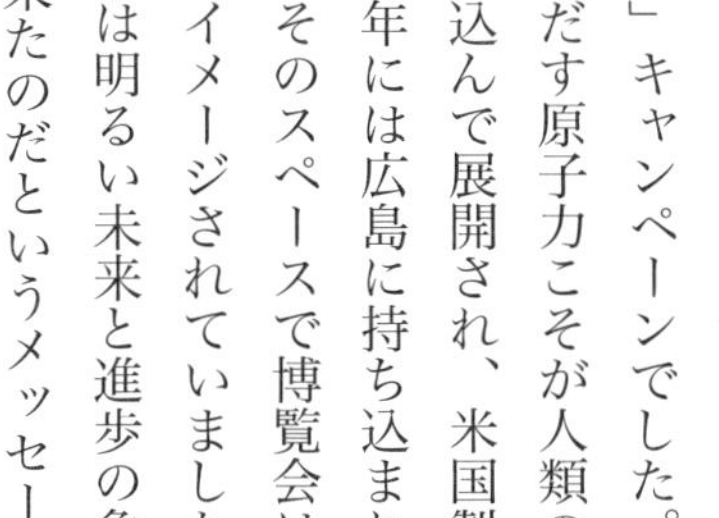

原子力平和利用博覧会が特集された「中学生の友」1956年1月号（小学館）

レルギー」を取り除くことがこの博覧会の狙いでした。

このキャンペーンのお先棒を担いだのが正力松太郎です。戦前の治安警察官僚で、戦後Ａ級戦犯となって収容され、釈放後、「読売新聞」を買収して社主となり、日本テレビを設立した人物ですが、この人は暗号名を与えられたＣＩＡのスパイでした。この人が、初代原子力委員長、初代科学技術庁長官になったのです。もともと物騒な軍事的な原子力を、その本性を隠して、「平和の天使」のように見せかけることから日本の原発はスタートしたのです。

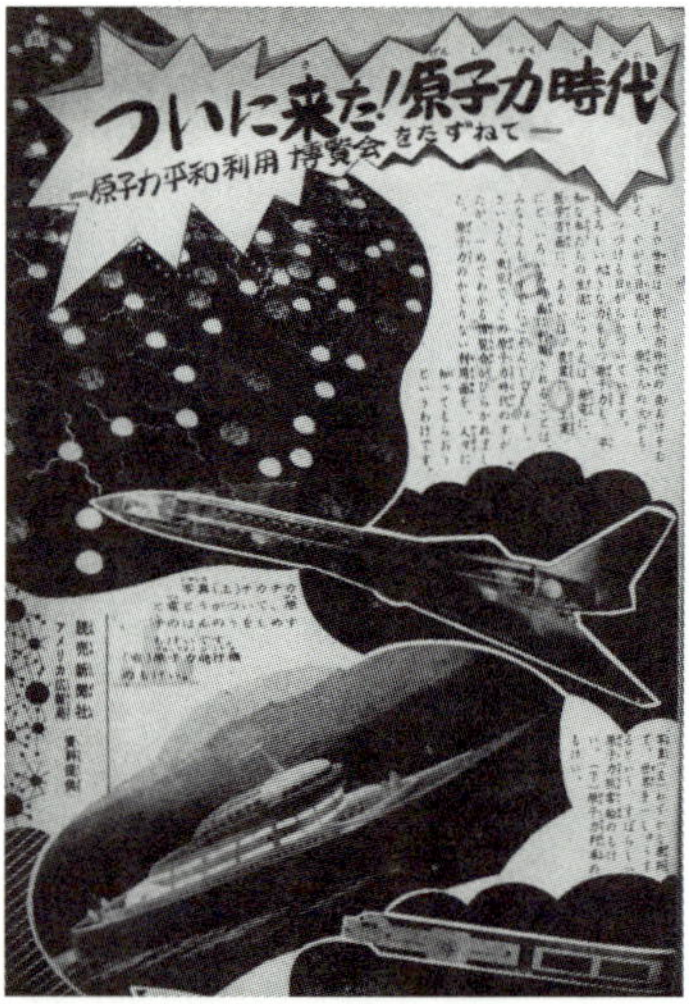

「5年の学習」1956年2月号（学習研究社）

住み分けられた原子力と核兵器

戦後日本で原子力利用が国策として始まるのは54年、ビキニ水爆実験の直後です。このとき中曽根康弘が呼びかけた超党派保守グループが、国会に原子炉導入のための２億３５００万円の科学技術振興追加予算を提出し、採択されました。この金額はウラン２３５にちなんで決めたといいます。それが第一歩でした。

54年3月2日、この最初の「原子力予算案」の提案者として壇上に立ったのは改進党の衆議院議員小山倉之助でした。彼の提案説明は「近代兵器の発達はまったく目まぐるしい」ので、「これが使用には相当進んだ知識が必要」であり、「新兵器の使用にあたっては、りっぱな訓練を積まなくてはならぬ」から原子力を導入すべきだというものでした。そして「ＭＳＡ[*3]の援助に対して、米国の旧式な兵器を貸与されることを避けるがためにも、新兵器や、現在製造の過程にある原子兵器をも理解し、またはこ

*3 ＭＳＡ援助：アメリカの相互安全保障法（51年10月）に基づく軍事援助を主とした対外援助。53年の修正で日本も援助対象になった。

れを使用する能力をもつことが先決問題であると思うのであります」と強調し、「元来、軍需工業は、科学並びに化学の粋を集めたものでありまして、平和産業に利用する部分も相当ある……」と付け加えました。

このように、平和利用というよりも、核兵器使用の能力を養うために原子炉を導入すべきだという趣旨でした。つまり、原子力は核武装のため、原子力産業は軍需産業と位置付けられていたのです。

しかしその後、こういう露骨な言い方は影を潜めます。その代わり、核武装準備は別の分野、憲法解釈の分野で進められるようになります。現行憲法の下でも日本は核兵器をもちうるという驚くべき憲法解釈です。東条内閣の閣僚で、A級戦犯でスガモ・プリズンに収監された岸信介は、57年首相に就任します。翌年、岸首相は参議院で、自衛権の範囲なら核保有は可能だとし、衆議院でも「核兵器という名前がつくだけでみなが憲法違反であるというが、そうした憲法解釈は正しくない」としました。この驚くべき「憲法解釈」は以後歴代自民党政府によって引き継がれ、繰り返し確認されてきました。原子力はもっぱら発電の領域、他方、核武装の方は憲法解釈の領域と、住み分けられ、核武装の実体と名分は、いつでも合体できるよう背中合わせに並べて置かれることになりました。

（武藤一羊）

正力松太郎（1885年〜1969年）

質問
12

原発《げんぱつ》は核兵器開発《かくへいきかいはつ》のためだというが、実際《じっさい》、日本《にほん》は核武装《かくぶそう》していないのではないか？

核武装への野心が、原発推進の動力

原子力産業は、60年代半ばには発電用軽水炉の世界的発注ブームが訪れ、日本でも商業用原子力発電は66年、東海村での第1号発電炉の稼働につづいて、70年代にかけて急速に拡大し、一大産業としてテークオフします。新しく、70年代に20基、80年代に16基、90年代に15基、２０００年代に5基と、年間１５０万キロワットのペースで増加しました。50年代の「軍事利用か、平和利用か」といった議論は消え去り、原発はただのエネルギー産業に過ぎないと一般には考えられるようになりました。

しかし、そうではありませんでした。日本の支配層の核武装への野心が、原発推進の動力として働いていたことがいまとなっては明らかなのです。64年、岸信介の弟の

＊1　ベトナム戦争：南北に分割されたベトナムを統一し独立国家をつくる解放運動に米国が軍事介入して起こった戦争で、65年の米軍の北ベトナム爆撃と50万派兵で本格化。米軍と南ベトナム軍は、北ベトナム軍と南ベトナム解放戦線との戦いに敗れ、米国内でも反戦運動が高まり、75年のサイゴン陥落で、米軍撤退で終結した。世界的に米国の撤退を求める反戦運動が高揚した。

佐藤栄作が首相になりますが、彼は兄と同じく核武装論者でした。72年まで7年半余りの長期政権になった佐藤内閣の時期は、世界情勢が激動した時代、とりわけアジアが激変した時期でした。それはベトナム戦争[*1]と中ソ対立[*2]、激しい社会運動の高揚[*3]の時代でした。その中で、「核」こそは影の主役でした。64年の中国の核実験＝核保有から始まり、中ソの核対決の緊迫化、五大国の核独占を図る核不拡散条約（ＮＰＴ）の調印と続き、そして最後に核戦争の危険さえはらむ中ソの軍事対立を背景にした米中接近がこの時期のアジアの政治構造を激変させました。

この期間、佐藤政権は、ベトナム戦争で明確に米国を支持し、米国の戦争に派兵した韓国を支援することで、米国の戦争の後方を固めるため日韓条約[*4]に調印するとともに、米国との間に沖縄返還交渉を開始しました。国内ではこのような立場をとる国家権力と既成社会秩序にたいする抗議と抵抗の運動が全国に広がった激動の時代でした。そして米国軍政下で、米国の戦争に直接に全面的に組み込まれていた沖縄では、祖国復帰運動が、「核抜き、本土並み」「反戦復帰」の旗をかかげて、日本政府に迫っていました。

現実の核武装と潜在的核武装論

この状況の中で佐藤は、日本の首相として初めて、日本核武装を政策的課題として極秘裡に検討することを命じたのです。

佐藤の指示によって、内閣、外務省、防衛庁、海上自衛隊幹部などが、公式、半公式、私的形態など各種のレベルで、国産核兵器製造・日本核武装化の研究・検討を精

＊2 中ソ対立：56年、ソ連共産党第20回党大会で、フルシチョフがスターリン批判、平和共存路線採択したことを契機に中国とソ連の間でイデオロギー論争が生じ、イデオロギー、軍事、政治の対立までに至り、中ソ戦争勃発寸前にまでなった。

＊3 社会運動の高揚：米国、ヨーロッパを中心にベトナム反戦運動のほか、68年フランス五月闘争のように社会の根底を問う新しい運動、黒人・先住民など少数民族の運動、第二波フェミニズムの運動などが広がった。日本でも、ベトナム反戦運動、日韓条約締結反対闘争、学園闘争、沖縄返還をめぐる70年安保反対闘争などが展開され、国家権力と既成社会秩序にたいする抗議・抵抗が全国に広がった。

＊4 日韓条約：日本国と大韓民国との間の基本関係に関する条約。１９６５年、日本と大韓民国との間で結ばれた条約。経済協力や関係正常化などが取り決められた。

力的に推進しました。当時、国防会議事務局長だった梅原治が防衛庁中堅幹部をメンバーとする「私的」集団「安全保障調査会」が執筆・刊行した『「日本の安全保障」シリーズ』（朝雲新聞社）を始め、日本核武装の技術的・戦略的・外交的・政治的可能性を探究する研究と提言が続々と作成されました。

68年版の『日本の安全保障』では、日本の原子力施設を核兵器生産に転用する可能性を詳細に検討、日本が核武装するとすればウラン濃縮によるウラン爆弾ではなく、プルトニウム爆弾が適切だが、そのためには再処理工場の建設が不可避とする論文が掲載されました。このように核武装問題は、この時期、抽象的な憲法論から、具体的な政策レベルへ降ろされて、検討に付されたのです。

しかし、このとき日本は現実の核武装に着手はしませんでした。そこが潜在的核武装であるゆえんです。しかし潜在的核武装とはどういうことでしょうか。

各種の核武装研究・提言の検討の集約として、佐藤政権は「わが国外交政策の大綱」（69年9月）という極秘文書をつくりました。その中で核保有については次のような短い定式にまとめられました。

核兵器については、NPTに参加すると否とにかかわらず、当面核兵器は保有しない政策をとるが、核兵器製造の経済的・技術的ポテンシャル（可能性）は常に保持するとともに、これに対する掣肘《せいちゅう》はうけないよう配慮する。又、核兵器一般についての政策は国際政治・経済的な利害得失の計算に基づくものであるとの趣旨を国民に啓発する。

これは日本の原子力をいつでも核兵器製造に振り向け得るレベルに保持しておくとともに、核非拡散条約（NPT）には加盟しないか、加盟してもその縛りを外す方策をとるという一方的宣言でした。「核兵器を保有しない政策」も「当面」という限定をつけ、国民に対しては、核兵器を使うかどうかは、損得計算の問題なので、絶対的に非保有と決めるべきでない、と教え込もうというのです。

NPT加入の是非をさんざん議論した後、日本は70年に署名するのですが、その際も条約第10条の脱退権を強調してみせ、条約を批准したのはやっと76年になってからのことでした。

今日に連なる原発を中心とする原子力体制は、ほかならぬこの時期の核武装推進の動きによって生み出されたのです。佐藤内閣の下、日本の核能力は先の「わが国の外交政策大綱」の線に沿って、着々と強化され、制度としても産業としても、急速に根を張りました。

高純度プルトニウムを製造するためのプロジェクトとして動力炉・核燃料開発事業団（動燃）が科学技術庁傘下に設立されたのもその重要な一環でした。その下で、再処理工場建設と高速増殖炉の開発を目指すことになったのです。また、核兵器運搬手段となるロケットの技術開発を国家戦略の下に統合するため、宇宙開発技術院が科学技術庁傘下に設立されました。こうして核兵器とその運搬手段を生産する能力は着々とつくりあげられていったわけです。

核武装能力の獲得というこの狙いはしかし隠蔽《いんぺい》しておかなければなりませんでした。物理学者で科学哲学を専攻する藤田祐幸氏は、「核燃料サイクル」計画がこの時期に打ち出されたのは、これらが「核兵器製造の技術的・経済的ポテンシャルを保持」するためのものであることを見破られないようにするためだったと指摘[*5]しました。「プルトニウム開発」が核兵器製造のためではなくて、「あくまでエネルギー政策の一環であることを内外に喧伝する」ためだったと言うのです。そのためには金ばかりかかって動きそうもない高速増殖炉「もんじゅ」をあくまで維持することがエネルギー政策の宣伝としてぜひとも必要でした。もっとも増殖炉自体が兵器レベルの高純度プルトニウムをつくりだしてしまうので、頭隠して尻隠さずではあるのですが。

そして国家は何より日本社会にたいしてこの潜在的核武装を隠蔽しておく必要がありました。「核武装できるように原発を！」といったのでは日本社会は拒絶反応を示しただろうからです。そこで、資源のない日本の「国産エネルギー」から始まり、安上がりで安全なエネルギー、CO2を出さないクリーンな原子力などという宣伝が膨大な広告費をつぎ込んで展開され、マスコミと学会が原子力の宣伝隊となり、批判者はマスコミから排除されるという異様な事態が支配するようになりました。それが3・11福島原発事故まで続けられてきたのです。

この中で、国家の中核に原子力開発を推進する堅固な構造が出現したのです。いわゆる「原子力村」です。それはエネルギー政策の枠内にとうてい収まらない存在でした。科学史家吉岡斉氏はこうして形成された原発をめぐる構造を「原子力体制」と呼び、その政策の特徴として、「国家安全保障の基盤維持のために先進的な核技術・核産業を国内に保持するという方針」であるとして、それを「国家安全保障のための原子力」の公理と呼びました。「原子力は国家なり」という位置付けです。この国家安

*5 藤田祐幸「戦後日本の各政策史」、『隠して核武装する日本』（核開発に反対する会編、影書房、07年所収）

全保障という言葉には、「エネルギー安全保障」の意味も含まれていますので、このエネルギーの顔だけが一般国民には見せられたのです。

核武装にこだわる2つの理由

それにしても戦後日本の保守政権は、なぜ早くから核武装にこんなにこだわったのでしょうか。

その理由は2つあります。

ひとつ目は、戦後の日本国家には戦前の大日本帝国の振る舞いを合理化し、継承したいとする強い流れがあります。私はこれを「帝国継承原理」と呼んでいますが、アジア太平洋戦争はアジア解放の戦争だったとか、南京虐殺はなかったなど、修正主義史観に立つものです。安倍内閣（2006〜07年）がそれを代表して登場し、自らよって立つ原理を貫くことに失敗して倒れたことは記憶に新しいところです。この潮流の夢は、日本は政治・軍事核大国になって世界で幅を利かせ、アジアに君臨したいというものです。これは「帝国継承原理」によって独自核武装国として米国と対抗する路線です。

2つ目は、日本は米国の差し掛ける「核の傘」の下でないと安全が保障されないとの考えです。しかし、核の傘は米国のためだけに機能し、日本はいつその庇護から外されるか分からない。だからそれに備えていつでも核武装できるようにしておく必要があるというものです。これは日本が米国に頼りすがる原理の裏返しにすぎません。戦後日本国家の内外関係の中軸になってきた米国の世界覇権原理への帰依とも言うべきものです。

この「帝国継承原理」と米国の世界覇権原理への帰依は矛盾するのですが、不思議なことに同じ政治勢力が、この2つの原理を同時に追求してきたのが日本の戦後政治の主流でした。原発を使って核武装能力を獲得し強化するという路線はこの矛盾した流れの合流点に成立したわけです。

完全に裏目に出た「核武装カード」

佐藤は64年12月、総理就任直後、東京でライシャワー米大使と一対一で会い、「中国が核を持てば日本も持つのが常識」と述べてライシャワーを驚かせ、「日本人にはまだ核武装を受け入れる準備はないが、そうなるまで教育しなければならない」「憲法は改定されなければならない」と言ったと、ライシャワーは国務省あての電報で報告しています。米国は佐藤の日本核武装指向に疑念をもち、警戒します。

その直後、65年1月、佐藤は訪米してジョンソン大統領と会談しますが、そのさいラスク国務長官に、「自分個人としては、中国の核にたいしては日本も核兵器をもつべきだと考えている」と告げました。前掲書の中で藤田祐幸氏は、ここで佐藤は、日本の首相として初めて「核武装問題を外交カードとして使った」と指摘しました。外交カードとは取引の材料ということです。日本核武装を嫌うアメリカに対して核武装の志向があると告げた後で、あえてそれをしないと譲歩し、それを「非核三原則」で保証して見せ、アメリカへの忠誠を再確認することと引き換えに、アメリカの「核の傘」の保証、沖縄の返還の約束を取り付けるということだったのでしょう。

しかしアメリカは一枚上手でした。核抜き返還[*6]と非核三原則は密約で尻抜けにされました。72年ニクソン政権の対中接近で、キッシンジャー[*7]特使は、日本が起こした行動を支えるために「核の傘」は発動されることはないと中国に打ち明けました。さらにキッシンジャーは、米国は日米安保によって日本の危険な核暴走を未然に防ぐ「ビンの栓」の役割を果たしているという議論で周恩来に日米安保を受け入れさせたのです。アメリカには効き目がゼロだった日本の核武装カードでしたが、それをアメリカが中国に対して使ったのです。そしてこの「ビンの栓」論にたいして「身のあかし」を立てるため、その後の日本はますます米国への忠誠の度合いを高めていくという悪循環に陥っていきます。「核武装カード」は完全に裏目に出たのです。アメリカに足元を見られてしまったのです。

それ以来40年、日本国家はますますアメリカへ忠誠の度合いを深めるという泥沼にはまっていきました。72年沖縄返還は、米国の軍事植民地としての沖縄の管理責任を日本が引き受け、それによって再び沖縄を日本の「国内植民地」にすることでした。この二重の植民地化は、それを拒否する沖縄民衆の断固たる抵抗を呼び起こしました。

米国覇権原理、帝国継承原理の廃棄・平和主義の確立

福島原発事故が引き起こした破局によって「原子力産業」は破綻の瀬戸際に立たされています。しかしそれだけではありません。米国の核の傘を当てにしつつ核兵器生産能力としての原子力を組み込んで立てられていた戦後日本の「安全保障」体系全体が根本から揺さぶられ、崩れ落ちそうになっているのです。

＊6 沖縄の核抜き返還：72年の沖縄返還。米国の軍事植民地としての沖縄の管理を日本が引き受け、それによって再び沖縄を日本の国内植民地にした。この二重の植民地化は、それを拒否する沖縄住民の抵抗を呼び起こしている。

＊7 ヘンリー・アルフレッド・キッシンジャー（1923年〜）。ニクソン政権およびフォード政権期の国家安全保障問題担当大統領補佐官、国務長官。国際政治学者。

©David Shankbone

これは戦後60年にわたって日本を支配してきた権力集団にとってたいへんな危機です。この集団は支配政党、財界、官僚、学者、マスコミなどが結びついた誰の点検も受けない実質上の権力ですが、この裏の権力は日米安保と潜在的核武装能力という太い柱に支えられてきました。いま脱原発を求める草の根の運動の爆発と、基地撤去を求める沖縄の日本国家への頑強な抵抗とが相まって、支配集団はガタガタになりつつあります。そこでこの勢力はいま必死の巻き返しに出てきました。

隠蔽が通じなくなり、裏の権力が裸のまま表に出てきたのが、今の状況です。2012年6月8日野田佳彦首相は、大飯原発再稼働を決めましたが、その記者会見で、「原発を止めてしまったら日本社会は立ち行かない」と述べ、菅政権以来一応政府の政策になっていた脱原発方針を否定し、原発再稼働に向けて突っ走ることを宣言しました。

そして、あろうことか、原子力規制委員会設置法案の付則という抜け道を使って、「わが国の安全保障に資する」という項目を裏口から加える原子力基本法の改定をやってのけました。原発推進派は、原子力利用を平和目的に厳密に限定している原子力の憲法と言われている法律を、下位の法律で討議もなく変更するという姑息な手段に訴えるところまで、追いつめられていると言えます。これまで核武装能力の保持育成は、国民生活に必要なエネルギー供給源という衣で覆い隠すことが可能でした。しかし、脱原発の運動で原子力産業が維持できるかどうかが怪しくなったのです。そこで、隠しておいた「国家安全保障」を表にだして、核武装能力が失われるのを阻止し、核武装への抜け穴をつくっておこう、という奥の手に訴えたわけです。

核発電と核武装――このつながりがはっきり見えてきたのが最近の状況です。それは私たちが「核」をキーワードに、芋づる式に日米安保、沖縄、自衛隊、太平洋での米軍の再編などをつなぐ地下茎をがっしりとつかみ、地上に引き上げ、太陽の下、万人の目に晒すことができる状況です。

米国の「核の傘」か、自ら核をもつか、それしか選択肢がない、それが戦後日本国家の支配集団の想像力の限界でした。彼らは別の選択肢を想像できませんでした。

もう一つの選択肢は、米国の利害や支配から自立したアジアとの関係を打ち立てることです。それによる安全保障――米国の核の傘や独自核武装などの「抑止力」を必要としないような力関係作り――を原則的に選択することです。それは近代日本のアジアとの戦争・侵略・植民地化の歴史の反省的な総括の上に成り立つものでしょう。

戦後日本社会は、米国覇権原理、帝国継承原理のほかに、一国主義的な平和観など大きな弱点を抱えていたとはいえ、憲法９条を実質化しようとする平和主義原理をも保持していました。他の二原理が惨めな失敗をさらし、それに動かされてきた戦後国家が壊れつつあるいま、「核」勢力の巻き返しをくじくなかで、この原理を鍛え直し、つくりかえ、それに基づく自主的な対米、対アジア関係をその上に作り出す大きい事業が日程に上っています。脱核・脱安保の日本社会を構想する歴史的時期にいま私たちは踏み込んでいます。

（武藤一羊）

質問
13

核燃料《かくねんりょう》サイクルさえ実現《じつげん》すれば、プルトニウムの兵器転用《へいきてんよう》も核《かく》のゴミも解決《かいけつ》するのではないか？

行き場を失った「核のゴミ」

ウラン燃料を原発で「燃やした」後の、「核のゴミ」を使用済核燃料といいますが、これを再処理工場で処理して取り出されるのがプルトニウムです。青森県六ヶ所村に建てられた「六ヶ所再処理工場」は、度重なるトラブルで建設開始から約20年経っても稼働できず、予定された２０１２年10月の運転開始も不可能な状態になっています。東京電力と経産省は、ひそかに計画撤退を検討しているとさえ報じられています。

高速増殖炉「もんじゅ」は、再処理されたプルトニウムを燃料とする原発ですが、いまや原発推進を主張する人たちの間でさえ、もはやまったく実現性はないと見なされています。このため使用済燃料から取り出されたプルトニウムは行き場を失いまし

高速増殖炉「もんじゅ」（福井県敦賀市）

た。猛毒のプルトニウムを溜め込むわけにもいかず、やむなくいわゆる「プルサーマル計画」[*1]が推進されていますが、原発の当初の稼働条件と異なる運転を強いることになるため、原発の危険性をますます増大させています。

実現できない「核燃料サイクル」

「核燃料サイクル」とは、天然ウランを鉱山から採掘して、転換、濃縮、再転換し、燃料に加工して、原発で燃やした後に、使用済燃料を再処理し、ウラン・プルトニウムを回収して廃棄物処理を行う一連の工程のことを言います。

核燃料サイクルに必要な施設[*2]をすべて保有している国は、核兵器所有国を除いては存在しません。日本は唯一の例外です。３つの理由を挙げます。

第１の理由は、ウラン濃縮と再処理工場の工程が核兵器開発と技術的に変わらないので、これら技術を非核国が持つことを核不拡散防止条約（ＮＰＴ）などで規制しているのです。

第２の理由は、軍事機密の固まりでもあるこれら施設の存在は、民主主義社会と相容れないからです。言論の自由と情報公開が徹底している国では、これら施設の存在や機能を秘密にしておくことは難しいのです。ＮＰＴ成立以後に核兵器を開発した国々が、どこも民主主義国家ではないことと無関係ではありません。

第３の理由は、経済性がないことです。

ウラン濃縮も核燃料の再処理も莫大な資源・エネルギーを浪費すると共に建設、運営には国家予算規模の費用が掛かります。日本も例外ではなく、六ヶ所再処理工場な

＊1　プルサーマル：プルトニウムとサーマルリアクター（熱中性子炉）の合成語。プルトニウムとウランを混ぜたＭＯＸ燃料を通常の原発（軽水炉）で使用すること。

＊2　核燃料リサイクル施設の保有：唯一の例外は日本で、すべての施設を建設し保有している。ただし、人形峠（岡山・鳥取県境）のウラン鉱山は、現在閉鎖されている。その結果、人形峠周辺地域に「ウラン残土」が放置されていた。

らびに廃棄物処理のいわゆるバックエンド事業[*3]に必要なトータルコストは20兆円を超えます。もちろんこれだけで済む保証さえありません。工場施設の汚染除去[*4]に莫大な経費がかかります。フクシマのような核災害を引き起こせば簡単に何倍にもふくれあがるのです。再処理を含む核燃料サイクルのトータルコストは国家予算規模なのに、取り出せるのはエネルギー資源としては、わずかなプルトニウムとウランでしかありません。収支が合うはずはなく、今後万が一にも高速増殖炉が実用化されたとしても、投入した費用の回収などおよびもつかないのです（『（核燃料サイクル）バックエンド事業全般にわたるコスト構造、原子力発電全体の収益性等の分析・評価報告書』[*5]（総合資源エネルギー調査会・電気事業分科会・コスト等小委員会の報告書、04年1月16日）。

ちなみに、ウラン濃縮によってウラン燃料を調達するコストは、1tU（ウランそのものだけの重量を指す）あたり2億930万円ですので、理想的な（非現実的な、と言ってもよい）再処理コスト試算でさえ実に13・6倍もの格差があります。

再処理と「プルサーマル計画」

安全性に問題があり、費用対効果の悪い再処理工場を動かす理由は唯一、核兵器開発のための技術を保持することにあります。

米国は、すでにプルトニウムを大量に保有し、劣化した核爆弾から抜き取ったプルトニウムをクリーニングして核兵器級プルトニウムを再生することができるため、使用済燃料の再処理を行っていません。また、再処理を推進しているイギリスやフラン

＊3 バックエンド事業：原子力発電所に関して、燃料製造・発電所建設・運転などを「フロントエンド事業」、使用済み核燃料の保管・回収処分あるいは再処理、原子力施設の廃止などの事業。立命館大学の大島堅一教授の試算では74兆円。

＊4 工場施設の汚染除去：米国の核兵器生産工場であるハンフォード、オークリッジ、サバンナリバー、ロッキーフラッツ、アイダホ・エンジニアリング国立研究所では、敷地の汚染除去にかかる費用だけでも毎年5000億円以上、今後70年以上をかけて合計36兆円が必要と推定。

＊5 報告の要旨：六ヶ所再処理工場の操業期間を約40年間と仮定。毎年800トンのウランを再処理し、利用率100％で計算すると、その間に再処理される使用済燃料の量を約3万2000トンと仮定。これは換算すれば、4300tUの核分裂性プルトニウムを回収と仮定。費用内訳

スは、核兵器開発の再処理技術を転用して他国の商業用再処理を代行することで外資を稼ぐ方法を編み出しました。イギリスのセラフィールドとフランスのラ・アーグ再処理工場では、他の国にはない「海外再処理用のプラント」[*6]を保有しています。

ところが、日本やドイツ、ベルギーなどでもプルサーマル計画は細々とあったのですが、事実上破綻している現状では、採算の見通しが立たなくなっています。日本向けのMOX燃料加工設備がまったく遊んでしまううえ、ドイツ、ベルギーも原発からの撤退を決めていて、プルサーマル計画を推進する可能性がなくなったのです。

とくにイギリスではプルサーマル計画が存在しないため、再処理後のプルトニウムの処理に困ることになりました。日本向けだったMOX加工工場は閉鎖されることになり、日本に返還予定のプルトニウムも含めて今後どうするかが大きな問題になっています。セラフィールドもラ・アーグも再処理工場の周辺海域を放射性物質で汚染してしまい、遠くノルウェーや北極海まで汚染が拡大しているため「オスパール委員会」[*7]の度重なる「閉鎖」警告を受けています。海洋汚染と核のゴミ、行き場のないプルトニウムを抱えて、対策を迫られているのです。

核兵器級プルトニウムを生産できる高速炉

核燃料サイクルの完成形は、高速増殖炉[*8]を中心とした「プルトニウム・サイクル」の実現です。再処理で取りだされたプルトニウムを再び燃料として使用するサイクルですが、このサイクルを完成させた国は、ひとつもありません。

高速炉では、軽水（普通の水）のかわりに、ナトリウムなどの液体金属を冷却材に

は使用済燃料の再処理費用が11兆600億円、MOX燃料製造費用が1兆1900億円、合計12兆2500億円。1tU当たり28億4884万円。稼働率が半分なら、コストは倍になる。

＊6 海外再処理用のプラント：日本やドイツなどの使用済燃料の再処理委託を受け、プルトニウムとウランを取り出し、核のゴミを分離する。再処理したものは核のゴミを含め委託国に返還する契約になっている。ただし、プルトニウムは核拡散防止上危険なので、プルトニウムとウランを混ぜた「混合酸化物燃料・MOX燃料」の形状にして戻す。MOX加工の工程でも外貨を獲得している。

＊7 「オスパール委員会」：北西大西洋の環境問題を協議する委員会。

＊8 高速増殖炉：原子炉としては「先発組」で、現在、実用炉として稼働している軽水炉より研究・開発が先行していた。

使っています。水は、核分裂によって生ずる中性子を吸収および減速する性質をもつことから、中性子の動きを減速しないナトリウムが冷却材として使われているのです。そのため「高速中性子」炉、つまり「高速炉」と呼ばれています。福井県敦賀市にある「もんじゅ」や茨城県大洗町にある実験炉の「常陽」は、ナトリウム冷却炉で、核兵器の材料に適した核分裂性プルトニウムを生成するのに最適な原子炉なのです。

ナトリウムなどの液体金属を冷却材に使えば、原子炉の小型化が可能とされ、原子力潜水艦用も開発されましたが、事故が度重なり、高速炉を搭載した原子力艦船は全て失敗しました。発電用原子炉としても稼働しているケースはありません。ロシアが高速炉計画を維持していますが、米国はもちろん、フランスも原型炉「フェニックス」、実証炉「スーパーフェニックス」を廃炉にして、事実上高速炉計画から撤退しました。

現在、核兵器級プルトニウムを生産できる高速炉は日本にしか存在しません。未だに破綻した高速増殖炉計画を断念しないことが、東アジアの軍事情勢に暗い影を落としているのです。

プルサーマル計画と原子炉災害

日本が六ヶ所再処理工場を稼働させる条件として、使うあてのないプルトニウムは保有しないことを「国際公約」にしました。本来の核燃料サイクル計画では、プルトニウムは高速増殖炉で燃料として使用することになっているので、「もんじゅ」計画が頓挫した現在、再処理事業は合理的な根拠を失っています。そこで、高速増殖炉で燃やす予定だったプルトニウムを軽水炉で燃やす「プルサーマル計画」[*9]が推進され、

高速炉は高純度の核分裂性プルトニウムを生産する目的のほか、原子力潜水艦や原子力空母などの動力用に開発された。

＊9 プルサーマル計画：玄海3号（九州電力・2009

消滅したはずの「根拠」をでっち上げたのです。
ウラン燃料で運転することを前提に設計された原発に、最大で3分の1のMOX燃料[*10]を投入するため、炉心の安定性を損なうことになるのですが、推進側はこれを「誤差範囲」だとしています。しかし「誤差範囲」であろうとも、安全性を切り縮めることは極めて大きな問題です。福島第一原発3号機の事故発生時、炉心にあったMOX燃料は、32体と少なかったのは不幸中の幸いと言えるでしょう。とはいえ、いまの段階ではMOX燃料の存在が炉心崩壊とどう関係していたかはまったく分かっていません。3号機で何があったかを正確に解明する必要があります。
3・11の原発震災事故を受けて、そもそも再稼働に大きな懸念が生じている中で、プルサーマル計画が継続されるのは論外です。MOX燃料は周囲のウラン燃料に比べて、融点が低く制御棒の働きが抑えられます。融点の差は数十度なので、融点2800度の燃料体にとっては誤差範囲と考えられていますが、過酷事故[*11]の場合は、数十度の差が炉心崩壊を免れるかどうかの境目になり得るのです。

高速炉と原子炉災害

原発事故の恐ろしい様相の一端が福島第一原発事故で露になりましたが、高速増殖炉が実用化された場合はもっと恐ろしい事態が想定されます。高速増殖炉は原子炉の構造そのものが軽水炉に比べて脆弱で、巨大地震に耐えられる強度がないのです。また、原子炉冷却系配管の肉厚が薄いのです。加圧水型原子炉[*12]の給水系や蒸気系の配管は直径70センチで肉厚が7センチほどあるのですが、高速炉では配管を流れるナトリ

年11月5日)、伊方3号(四国電力・10年3月2日)、高浜3号(関西電力・10年12月25日)で実施。中部電力が浜岡4号で、北海道電力が泊3号で、中国電力が島根2号でそれぞれ計画中。なお、福島第一原発3号もプルサーマル原発だった。

***10** MOX燃料:現在建設中の電源開発(Jパワー)の大間原発だけは、すべての炉をMOX燃料体で運転する「フルMOX計画」を想定している。

***11** 過酷事故:今回の福島原発事故が典型例。

***12** 加圧水型原子炉:PWR型(Pressurized Water Reactor)原子炉。核分裂反応によって生

ウムが高温になるため、配管の肉厚[*13]を厚くできないのです。直径80センチのナトリウム冷却配管でも、わずか1・1センチの肉厚しかありません。地震の力によって配管が破壊される危険性は軽水炉よりもはるかに大きいのです。

高速増殖炉で使う冷却材のナトリウムは、空気中で自然発火して燃え上がります。実際、95年12月に「もんじゅ」で二次系配管でナトリウム漏れ火災が起きています。地震により二次系配管が損傷すれば、炎上事故が起きます。原子炉を冷やすナトリウムが循環している一次系配管のある場所は窒素が充填されていますので、通常は炎上しませんが、建屋が破壊されれば当然空気が入り込み、燃え上がる可能性があります。

この場合、二次系配管の炎上よりもさらにやっかいな問題が生じます。一次系ナトリウムは原子炉を直接冷やしているため、中性子線によって放射化されたナトリウム22や24を大量に含み、ナトリウムの炎上によって放射性物質が拡散します。住民を被曝させることはもとより、事故収束作業を行う従業員や消防など防災関係者も大量被曝することになります。

ナトリウムはコンクリートに接触すると、コンクリートに含まれる水分と反応し、激しく燃えあがります。そのためにナトリウムとコンクリートは接触しないよう鋼材やステンレス材などで防護されているのですが、地震に伴いこれに亀裂が生じたり破壊されたりすれば「ナトリウム—コンクリート反応」が大規模に発生し、コンクリート製の建屋が崩壊します。

さらに津波が破壊された配管に到達すると、ナトリウムが海水と爆発的な反応を引き起こし、建物が炎上する可能性があります。炉心周りのナトリウムだけでこれほど

じた熱エネルギーで、一次冷却材（加圧水＝圧力の高い軽水）を熱して蒸気（二次冷却材＝軽水の高温高圧蒸気）を作り、タービン発電機を回す方式。商業用原発の他に、原子力潜水艦、原子力空母などの小型動力炉にも用いられる。

＊13 配管の肉厚：高温になるナトリウムは配管を膨張するため、熱膨張や熱伝導率を考慮して配管の素材、肉厚が決定される。

の危機的状況が生じ、さらに炉心燃料の破壊が起きた場合には、ここまでの破壊さえ序章に過ぎないことを知ることになります。

高速増殖炉は、減速しなくても原子炉が臨界を保つように設計されています。そのため通常の軽水炉にあるような「自己制御」のシステムがないのです。軽水炉では出力が急上昇した場合、その影響で燃料温度が上がって燃料密度が下がり、さらに周辺の減速材（軽水）が沸騰することでも減速材の密度が下がるため、原子炉内で核分裂が起こりにくくなり、出力が急激に下がります。

高速増殖炉「もんじゅ」では、一次冷却材・二次冷却材が抜けてしまうと、多少はあった中性子の吸収や反射がなくなるために、むしろ出力は上昇してしまいます。「もんじゅ」の燃料がメルトダウンをした場合も同様で、制御棒が挿入されている状態ならば中性子を吸収して核分裂反応が増大しないよう制御できますが、燃料が溶けてしまえば制御棒も溶けてしまい、大きな溶融燃料の固まりができます。この状態では制御棒は効かないし、冷却材のナトリウムも沸騰してしまいます。そのため溶けた燃料の固まりの中で核分裂が盛んになり、ついに核爆発を起こします。

これがチェルノブイリ原発事故のように建屋自体を吹き飛ばし、内部の放射性物質を放出する惨事になります。風下地帯は数百キロにわたり人が住めない場所になり、最悪の場合は東アジア全体に深刻な放射能災害をもたらし、居住不能な地域が膨大に広がることにもなるのです。もはや責任を取ろうにも、内閣や国家の次元を超えた大災害になります。核燃料サイクル計画を日本で推進すること自体が、地球規模の放射能災害を招く危険さえもたらすことを肝に銘じなりません。

（山崎久隆）

質問 14

原発《げんぱつ》は国策《こくさく》として推進《すいしん》してきたもので、事故《じこ》の補償《ほしょう》は国民全体《こくみんぜんたい》で負《お》うべきものではないか？

責任ある人を免罪しないこと

国は原発推進のために多額の予算をつけ、法律を整備し、官僚を動員しました。とりわけ、原発立地対策やバックエンド事業に関しては、国の支援なしに電力会社だけで行うことは難しかったでしょう。

そしてそのことを、たとえ形式的ではあれ、多数の国民が選挙を通じて承認し、実際に原発由来の電気を使っていたのですから、「国民全体で責任を負うべき」という主張は正当なものにも思えます。

しかし、一口に「国民」といっても、そこにはさまざまな人が含まれています。歴代の首相や経済産業大臣（かつては通産大臣）、電力会社の経営者や株主、原子力関係の科学者・技術者、一部メディアなど、原発推進に大きな役割を果たしてきた人びとがいる一方で、意思決定に関わることのできない赤ちゃんや、いまだに選挙権すら与えられていない定住外国人、少数派の立場に追い込まれながらも原発立地で原子炉建設に反対し続けてきた人など、原発を推進したことに関して責任がほとんどないような人びとがいます。

「みんなで考えよう」「全体の責任」という態度は、責任を他人に押し付けず、自分の問題として引き受けようとしている点で、ある意味では善意から出ているものだとも言えます。しかし、現実には、さまざまに濃淡のある責任を混ぜこぜにして希釈してしまい、いったい誰が本当の責任者だったのかを見えなくし、原発事故を起こした構造の歴史的検証を妨げることになっていないでしょうか。とくに、政治家や電力会社の幹部が「国民の責任」を口にするときは、注意が必要です。

かつて、アジア太平洋戦争が敗戦に終わった直後から、「一億総懺悔」という言葉がマスコミや知識人、政治家の間でもてはやされましたが、それを口にしたのは、多かれ少なかれ戦争遂行に責任がある人びとでした。「戦争の責任は国民全体で」というのがその主旨でしたが、これは結局のところ、戦争遂行とアジア太平洋地域の侵略に最大の責任を負っていた天皇を免責するための言説に他なりませんでした。今回の原発事故に関しても、まったく同じ構図があります。「国民みんなの責任」を言うことで、原発事故を起こした構造にメスが入らないとすれば、これほど不幸なことはありません。

東京電力の責任論

日本の原発は、たんなる国策ではなく、「国策民営」である点にその特徴があります。電力会社は、国策という大枠の下で、あくまで営利事業として原発に取り組んできました。

原発事故が起きた場合、その責任の取り方を定めているのが、原子力損害賠償法[*1]です。その第3条1項には「無限責任の原則[*2]」といわれるものが定められています。福島原発事故に当てはめて言えば、事故を起こした東京電力の負うべき損害賠償には、理論的には、上限がないとされています。東京電力は10兆円でも100兆円でも賠償を支払わなくてはならないのです。

東京電力は、事故直後、東日本大震災が第3条1項の例外規定である「異常に巨大な天災地変」であると解釈して、損害賠償から逃れようとしていましたが、世論の批判を受けてさすがにこの主張は撤回しました。

さらに、第4条1項には、「責任の集中」原則[*3]といわれるものが定められていて、「原子力事業者」である東京電力以外には損害賠償の責任主体が存在しない、と規定されています。このように、現行法上は、どこまでいっても東京電力だけが事故補償の責任主体になっています。この規定からは、原子炉を製造したメーカーすら免責されてしまうのです。

＊1 原子力損害賠償法：1961年制定。原賠法。

＊2 無限責任の原則：「原子炉の運転等の際、当該原子炉の運転等により原子力損害を与えたときは、当該原子炉の運転等に係る原子力事業者がその損害を賠償する責めに任ずる。ただし、その損害が異常に巨大な天災地変又は社会的動乱によつて生じたものであるときは、この限りでない」

＊3 責任集中の原則：「前条の場合においては、同条の規定により損害を賠償する責めに任ずべき原子力事業者以外の者は、その損害を賠償する責めに任じない」。

原賠法における国の責任

では、原賠法は国の役割についてどのように定めているのでしょうか。第16条にはこうあります。「政府は、原子力損害が生じた場合において、原子力事業者（外国原子力船に係る原子力事業者を除く。）が第3条の規定により損害を賠償する責めに任ずべき額が賠償措置額をこえ、かつ、この法律の目的を達成するため必要があると認めるときは、原子力事業者に対し、原子力事業者が損害を賠償するために必要な援助を行うものとする」（傍点筆者）。

ここでいう「賠償措置」とは、「原子力損害賠償責任保険契約」と「原子力損害賠償補償契約」のことで、前者は一般の事故に関連して電力会社が民間保険会社と結ぶ契約、後者は地震・噴火・津波を原因とする事故に関連して電力会社が政府と結ぶ契約です。

いずれも一事業所あたりの賠償措置額の上限は１２００億円となっていますが、今回の福島原発事故で東京電力が支払うべき賠償金額は数兆円とも10兆円を超えるとも言われていますから、１２００億円ではまったく足りないことは明白です。

では、１２００億円を越える部分はいったい誰が支払うことになるのでしょうか。

第一義的には東京電力に責任があるのですが、やっかいなのは、この第16条が「政府は……原子力事業者が損害を賠償するために必要な援助を行うものとする」というあいまいな規定を置いていることです。政府の「必要な援助」によって、東京電力による１００％負担からゼロ負担まで、あらゆる可能性が考えられるのです。

そこで、東京電力負担をできるだけ軽くすることを願っている人びとによって画策されたのが、原子力損害賠償支援機構法[*4]でした。これによって、政府がまず「支援機構」に対して交付国債などを通じた援助を行い、その後「支援機構」が東京電力に対する資金交付を行うことで、国が東京電力による被害者補償の支援をできるようにしたのです。この仕組みによって東京電力は、従来の形のまま温存されることになり、経営陣は誰一人として引責辞任することもなく、賠償原資捻出のための申し訳程度の資産整理や役員報酬カットが行われただけでした。

また、利益の配当を受け取って来た個人株主や企業株主、電力債の保有者、資金融資をしてきた銀行などが、原発事故の被害者を尻目に、何らの責任を果たしていないことも大きな問題です。

本来であれば、東京電力を法的処理して、株式は１００％減資し、銀行の債権も大幅カットすべきなのです。電力債については、「一般電気事業者たる会社の社債権者は、その会社の財産について他の債権者に先だって自己の債権の弁済を受ける権利を有する」と定める電気事業法第37条を盾にして、「東京電力をつぶしたら、事故被害者の損害賠償よりも電力債の弁済が優先される」という脅しにも似た主張がありました。

しかし、会社更生の実務上は、社債保有者が絶対的に優先されることはないのです。東京電力に対して会社更生手続きをとりつつ、被害者に十分な賠償を行うことは可能なのです[*5]（福井秀夫参照）。

電力事業が営利事業として行われている以上、東京電力に融資することで利益を得

＊4 原子力損害賠償支援機構法：２０１１年８月施行。

＊5 福井秀夫「原発賠償支援法の課題―被害者救済には会社更生法で」（『エコノミスト』２０１１年８月９日号）

て来た金融機関や、株式によって利益を受けてきた株主は、被害者への補償のために応分の負担をすべきなのです。ゼロリスク・ハイリターンなどということは、まともな民間事業の原則からはありえません。支援機構法は、東京電力が営利事業としてのうまみを吸い取りつつ、負担だけは一般市民に転嫁する欺瞞を許すしくみなのです。

電力会社の破綻で停電、経済の停滞は起こらない

原発事故の被害者に対する第一義的な賠償責任が東京電力にあることを認めたとしても、それは、原賠法での原則論であって、被害者が納得のいくような補償を行わせるために東京電力を破綻《はたん》処理したら、電気が止まってしまうのではないかと心配する人もいます。

同じような主張は、日本航空（ＪＡＬ）に会社更生法を適用するときにもありました。航空会社を倒産させたら、飛行機が飛ばなくなるのではないか、という懸念でした。でも、実際にはそんなことは起こりませんでした。東京電力の法的処理の場合も、東京電力の事業用資産の引受け手[*6]がしっかりとした電力事業の運営能力をもっているならば、停電は起こりえません。

また、東京電力のような超巨大企業をつぶすことで、日本経済が大混乱に陥るのではないか、まして、東日本大震災からの復興を急がねばならないこの時期にそんな愚策はないのではないか、という懸念も出されています。

たしかに、被害者への補償原資を捻り出すためには、株主が１００％減資を受け入れ、銀行などの金融機関が債権を放棄し、電力債保有者が一定程度の債権カットに合

＊6 事業の引受け手：買収などを通して東京電力の事業を引継ぐ業者。一時的には国有化も考えられる。

意する必要があります。それだけ聞くと、株式市場や債券市場に萎縮的な雰囲気がつくり出され、銀行の経営が傾いて一般の預金者が不利益を被るとの予想が生まれてもおかしくありません。

しかし、社会的に大きな悪をなした企業の株式や社債を保有したりカネを貸したりしていても何の損害も被らないとしたら、ましてや、損をしないように政府が資金面で面倒までみてくれているとしたら、経済の世界にモラル・ハザードが生じるのではないでしょうか。

まさか、「東京電力にカネを貸すとき、東京電力が危険な原発を運転しているとは知らなかった」などとは言わせません。知った上で東京電力に投資したならその分のリスクはみずから引き受けるべきだし、知らなかったとしたら、たんに投資家として失格だったというだけのことです。そのような人たちを保護するために、被害者への補償が遅らされているのが、残念ながら現状なのです。

それでもなお、東京電力の破綻処理に伴う一時的な混乱の中で、被害者への補償手続きが遅れる可能性がある、それなら、東京電力をいまの形に保った方が補償が円滑に進むのではないか、という意見があるかもしれません。

しかし、現段階において、東京電力は被害者に対する補償を十分に進めているといえるでしょうか。答えはノーです。すでに報道されているように、東京電力は被害者に対して分厚いマニュアル本とともに補償金の請求書類を発送していますが、この請求書類がきわめて分かりにくいものなのです。そのことよりも問題なのは、被害(者)の範囲や補償金額などを、東京電力があらかじめ決めていることです。請求内容や金額を被害者が任意に提示し、その上で加害者たる東京電力との交渉、あるいは裁判に入るというのが本来の姿でしょう。

東京電力は、政府の「原子力損害賠償紛争審査会」が11年8月に示した損害賠償のための「中間指針」を盾にとって、その範囲を超える請求に対して、ほぼゼロ回答を繰り返しています。被害者の中には、弁護団などの支援を受けながら、裁判に訴えたり、政府の設置した「原子力損害賠償紛争解決センター」を利用したりする人もいますが、多くの被害者は、独力ではどうすることもできず、泣き寝入りを強いられています。このように、東京電力のきわめて不誠実な対応によって、原発事故から1年以上経た現在においても、補償手続きは滞っています。

それに、破綻処理を進める場合でも、政府が被害者に補償金を立て替え払いし、破綻処理後の「新東京電力」に対して請求する形にすればよいのです。「破綻処理が補償手続きにブレーキをかける」というのは、東京電力を延命させたい利害関係者の見え透いた言い訳に過ぎません。

（山口響）

質問
15

二《に》酸《さん》化《か》炭《たん》素《そ》排《はい》出《しゅつ》の増加《ぞうか》を抑《おさ》えるには、原発《げんぱつ》しかないのではないか？

地球温暖化防止への寄与も極めて疑わしい

政府や電力会社は従来、地球温暖化を防ぐためには、二酸化炭素排出量が比較的少ない核エネルギーの利用は欠かせないと説明してきました。しかしそもそも、二酸化炭素の増加が地球温暖化の直接の原因であるかどうかについては、なお異論が多くあります。

また、「予防原則」*1に立って二酸化炭素削減を進めると考えても、原発の建設、核燃料の採掘や運搬、膨大な廃棄物の処理、廃炉作業等で発生する二酸化炭素に加え、海中に放出される膨大な廃熱、それに最も本質的な放射能汚染のリスクを考え合わせると、地球温暖化防止への寄与も極めて疑わしいものです。原発事故によって、誰も

*1 予防原則：科学的に因果関係が十分に証明されていない状況でも、規制を行う考え方。および、それに基づく法制度。

住めない広大な土地が出現すれば「環境に良い」かどうかという次元以前の問題になります。

●原発事故がもたらす惨禍

福島第一原発が放出した放射能の量は、希ガスと呼ばれるキセノンやクリプトンなど気体状放射性物質も含めれば220京ベクレル（2・2×10の18乗）[*2]という途方もない量になるといわれています。そのうちセシウム137に限ると、1・5京ベクレル（1・5×10の16乗）と推計されていますが[*3]、これは広島型原爆で168発分に相当し、これを上回る放射能放出事故は、チェルノブイリ原発事故があるだけです。また、福島第一原発の場合は海洋汚染においてはチェルノブイリ原発事故を超える可能性すらあるのです。

チェルノブイリ原発はウクライナのキエフから北に130キロのところにあり、周辺は陸地です。ドニエプル川を通じて黒海にかなりの量の放射能が流れましたが、黒海も閉じられた海なので、汚染はあまり外洋には出ていません。

福島原発事故は、放出した放射性物質のほぼ3分の2が最初から海に降り注ぎました。さらに日本は狭隘な列島に急峻な山地を抱えるため、山に降る雨の表層水は主要河川に入れば数日で海に達します。中小河川や湖沼に蓄積した放射性物質は長期間にわたり、水系を汚染し続けると考えられています。

最終的には放射能の大半は海に流れていくのですから、福島第一原発の事故による放射能は最終的には史上最大級の海洋汚染になることは免れない事実です。せめてい

*2 フランス放射線防護原子力安全研究所（IRSN）の推定値

*3 原子力安全・保安院の推定値

ま福島第一原発の中に閉じ込められている分だけでも封じ込め続けられれば良いのですが、東京電力の汚染水処理能力はきわめて不十分で、国はそれに対して何の効果的な支援もしていません。多分できないのだろうと思います。国際的に現状を公開し、汚染を食い止めるための知恵を集めるような取り組みは今からでも行うべきです。

福島県や茨城県、そして千葉県にも直ちに海洋および湖沼放射能対策本部を作り、世界各地から経験のあるメンバーを集めるくらいのことは、さほどの予算をかけずともできます。このままでは海や湖に汚染が広がります。除染に1兆円をつぎ込めるだけの資金があるのですから。

原発震災がまだ続くとしたら……

原発がクリーンなエネルギーなどではないことは、もはや実証を通り越して目に余る惨状を呈している現実からも、何の疑問もないことだと思います。しかもこれはたった1度の原発震災によってです。漫然と原子力を推進などしていたら、このような事故が、あと何度繰り返されることか、だれも予想することができません。

もちろん事は日本だけにとどまりません。世界で最も野心的な原子力政策をとっている中国で福島原発規模の事故が起きれば、その風下に当たる日本は、被害を免れません。もちろん、東アジア一帯に被害が及びます。原発を保有する国は、周辺国にとって核武装に等しい脅威を与えていることを知るべきです。原発事故は大気圏核実験と同様の災害をもたらすのです。

こんな事故は2度と起きないという主張ができる人間がいるとするならば、相当荒唐無稽な「科学」を振り回す人間か、あるいは単に無知なだけでしょう。

福島第一原発での教訓は、これが最大でもなければ平均ですらないということを示していることです。今回の事故では、進行していた破局事故が偶然途中で止まったに過ぎず「幸運」に恵まれていたことが分かっています。最悪の過程を辿っていたならば、東京を含む東日本一帯が居住不能地域となり、少なくても３０００万人の避難が必要な事態となっていたと思われます。これはチェルノブイリ原発事故でも起きていました。つまり最悪の事態を回避[*4]したのは単なる偶然のなせる業だったのです。

菅直人首相が、福島原発事故直後に言った「東日本は人が住めなくなる」という事態の認識は正しかったのです。これらは「荒唐無稽なＳＦ」の世界の出来事ではなく、現在も進行中であり、破局への事態が途中で「止まった」のは、献身的な東京電力職員や自衛隊員などの活躍の結果というよりも、杜撰きわまりない福島第一原発の定期検査作業手順の「不手際と想定外の仕様ミス」が「原因」だったのです。

二酸化炭素排出削減は危険で有害な原発に依存するのではなく、多様な自然エネルギー開発に対策の重点を置くべきです。また、地球温暖化対策は「原発か化石燃料火力か」の二者択一ではなく、エネルギー浪費構造そのものを変えることで実現することが求められています。


（山崎久隆）

＊4　最悪の事態の回避：ウクライナ最大の都市首都キエフは、人口３５０万を超える大都市だった。１３０キロ離れたキエフでも全住民の避難計画がされたが、風向きが変わったため実施されなかった。しかし、現在もキエフでは子どもたちの間で放射性物質の影響ではないかと疑われる病が増えていると多くのメディアが伝えている。

質問
16

安全《あんぜん》対策《たいさく》を施《ほどこ》し、原発《げんぱつ》を稼働《かどう》させることは、合理的《ごうりてき》な考《かんが》え方《かた》ではないか？

自然災害から逃れることはできない

原子力発電所や原子力施設については、どんなに安全対策を強化しても事故の可能性をゼロにすることは出来ません。自然災害（地震、津波、台風、隕石）、意図的攻撃（戦争、テロ）、技術的限界（材料の劣化、ヒューマンエラー）のリスクを完全に避けることは出来ないのです。

たとえその確率が百年に1度であっても、1度起これば取り返しのつかない被害を生むし、その対策にかかる費用は際限ないのです。いま取られている対策は、そのうちのほんのわずかな部分に過ぎません。

また、原発が動き続ければ、労働者の被曝と放射性廃棄物の大量発生が避けられません。どんなに自動化、ロボット化が進んでも人の手による作業がなくなることはないのです。現場で作業に従事させられるのは、弱い立場の下請け労働者であり、彼らの被曝は続きます。放射性廃棄物の処理は世界の原発保有国が等しく抱える深刻な問題であり、どの国も将来の幾世代にもわたって環境汚染を押しつけることを容認しているのが現状です。

原発を防波壁で防衛するのは非現実的

2012年3月31日、内閣府の「南海トラフの巨大地震モデル検討会」は、南海トラフの地震により発生する津波の高さについて新しい想定を発表し、翌日マスコミはトップニュースとして一斉に報道しました。

この海域で、マグニチュード9クラスの地震が発生し、さらに東北地方太平洋沖地震で発生したようなタイプの津波が起きたと仮定すると、高知県黒潮町で34・4メートル、東京都新島で29・7メートル、浜岡原発のある御前崎市は21メートルと、従来の想定を大きく超える波高の津波が押し寄せるというものでした。

たとえば、浜岡原発では、再稼働を前提に津波対策として18メートルの防波壁を建設中ですが、それさえ超えてしまいます。18メートルの防波壁ですら1000億円を超える費用がかかります。21メートルにするとしても、単にかさ上げすれば済むというものではありません。21メートルの高さになる津波のエネルギー量は膨大なものでしょう。実際、岩手県宮古湾にあった世界最大の田老地区二重堤防はたいへんな圧力に堤防がばらばらに破壊されてしまいました。もはや防波壁のような構造物で止めよ

東海から四国沖の海底に延びる溝状の地形南海トラフ（線）。100〜150年の周期で巨大地震が発生している。

うとしても、非現実的であることがはっきりしたと言えます。

震度7の破壊力

さらに浜岡では震度7に達する揺れに襲われる可能性があります。おそらく大きく揺れている最中に津波の第一波が到達することになります。原子炉が停止しきれないまま、冷却用の海水は、地震による地盤崩壊で取水トンネルが破壊され、取水不能になる恐れがあるのです。

いままでに震度7で原子炉が停止動作に入った例は柏崎刈羽原発だけですが、振動継続時間はわずか数十秒でした。浜岡の場合、最初の縦揺れ（P波）だけで重力加速度の980ガルを大きく超え、さらに直後に重力加速度の倍以上で、秒速100メートル（100カイン）をはるかに超える揺れに3分間ほど襲われるでしょう。

震源域は原発の真下ですから、10キロあるかないかです。縦揺れ（P波）は秒速5000メートル、横揺れ（S波）は秒速3000メートルですから、原発を止める制御棒が挿入しきらないうちに巨大なP波に襲われる可能性さえあります。

さらに浜岡原発の敷地内、建屋の下にもたくさんの断層が走っていることは中部電力の書いた図面にも載っています（下図参照）。これらは「地震を起こす活断層ではない」ことになっていますが、この場合、活断層であるかどうかなど、あまり関係ありません。断層は地盤

■浜岡原発の敷地内、建屋の下の断層

※（5号機設置許可申請書より作図）

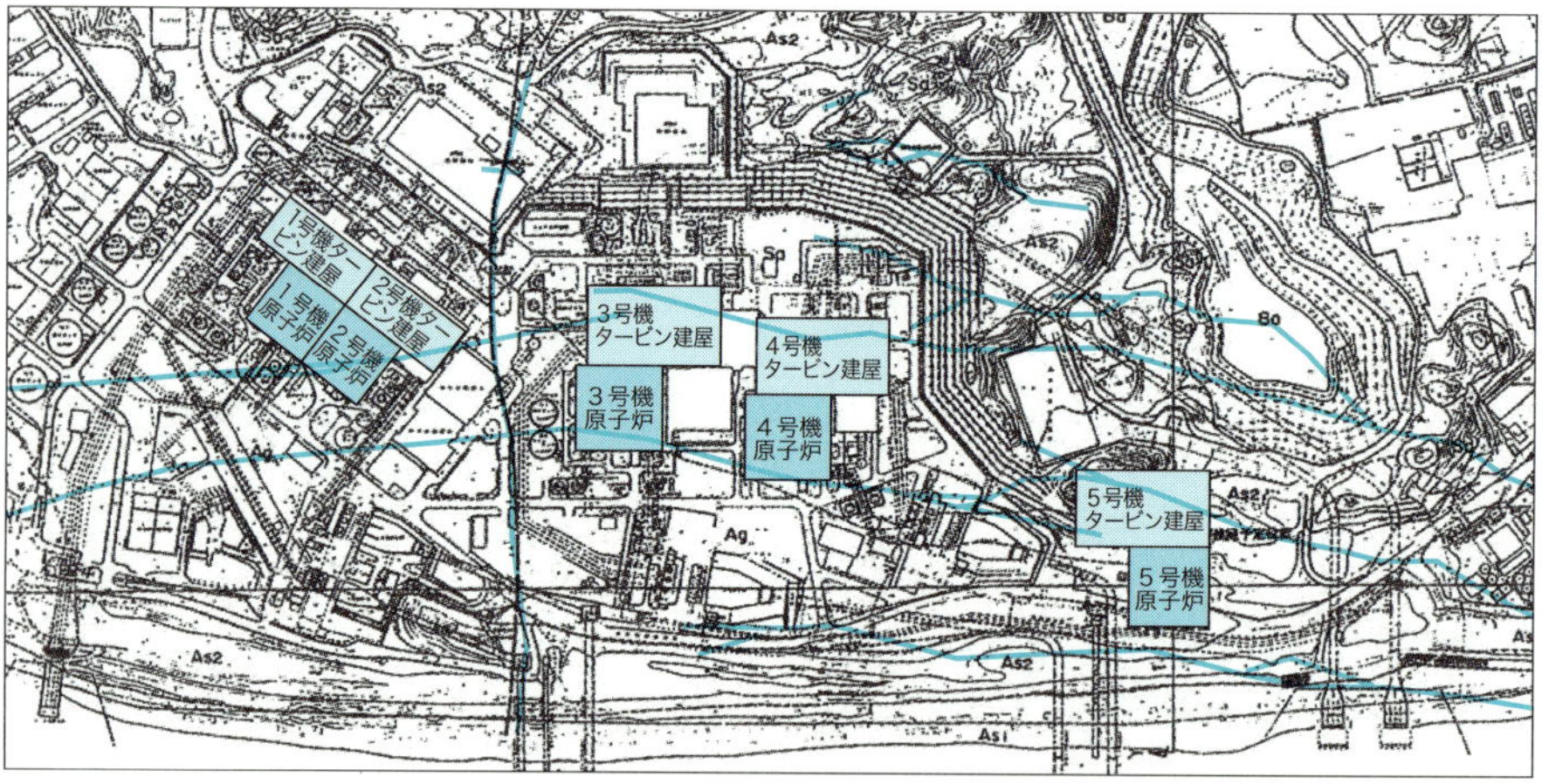

のき裂そのものですから、巨大な揺れによってその部分がずれ動くと考えるのは当然です。過去にそんなずれ方をした「形跡」がないとしても、き裂である以上、巨大地震で動く可能性は否定できないはずです。

実際、今回の東北地方太平洋沖地震の影響で、これまで動くと思われていなかった内陸の断層が動いたことが確認されています。

大きな縦揺れによって段差ができれば、原発が傾いたり原子炉建屋とタービン建屋がずれてしまうことも考えられます。建屋と建屋の間には直径60センチの蒸気と冷却水を送るための配管が通っていますが、配管が破断する可能性があります。もし配管が破壊されてしまえば大量の冷却材を一瞬のうちに失うことになるでしょう。

また、最新のタイプよりも古い型のBWR型原発*1は原子炉再循環系配管が破断する可能性も否定できません。これが破断すれば原子炉は30秒で冷却水がなくなります。複数の緊急炉心冷却装置（ECCS）が働き、冷却水を投入するよう設計されてはいますが、これらは電源がなければ作動しません。

大きな揺れは、柏崎刈羽原発でも福島第一、第二原発でも外部電源や構内電源設備を破壊しています。震度7にもなれば、これら電源設備は機能しないと考える方が現実的です。

科学の成果を隠蔽する原子力マフィア

実は、このような地震・津波の原発施設に与える影響に関する研究結果に対して、科学的な検討と、それに基づく対策が意図的にとられていないという問題があります。

*1 BWR型原発：沸騰水型軽水炉。原子炉で直接水を蒸気に変えて（沸騰させて）タービンに送り発電するタイプの原発。東北、東京、中部、北陸、中国各電力と日本原子力発電が所有している。

日本各地で「大きな地震や津波に襲われる可能性が明らかになった……」などというニュースが次から次へと報道されるようになったと感じる人も多いでしょう。東北地方太平洋沖地震が起きたからでしょうか。もちろんその影響はありますが、地震学者や地球物理学者、地質学者たちがこれまで遊んでいたわけはないはずです。

これまでたくさんの論文が出ていたし、多くの知見も発表されていたのに[*2]、それを取り上げさせない、クローズアップさせない勢力がいたのです。「しんぶん赤旗」（11年12月14日付）には「予測退けた背景には原発業界。地震予知連絡会島崎邦彦会長に聞く」という見出しで、地震予知連絡会の会長自らが真っ正面から告発した記事が載っています。その勢力が「原子力業界」つまり「原子力マフィア」なのです。

彼らが地震研究の結果を否定する理由は、たとえば福島県沖で巨大津波などということが「分かった」ら、ただちに原発の安全性問題に直結するからです。たとえば、茨城県、福島県浜通り、青森県沖に関する地震発表には奇妙な現象が起きました。青森県の沖合で起きた地震の名称が、なぜか「三陸はるか沖地震[*3]」などと、岩手県の沖合はるか遠くで起きたように命名されたのです。位置から見れば「六ヶ所村沖地震」でした。青森県には日本原燃の六ヶ所再処理工場とウラン濃縮施設、東北電力の東通原発（稼働中と建設中）、東京電力の東通原発（計画中）、電源開発の大間原発（建設中）が立ち並んでいます。さらにむつ市には東京電力が計画する使用済燃料の中間貯蔵施設があり、文字通り原子力半島と化している現状があり、大きな地震に襲われることを連想させるような報道や論文には原子力業界を挙げての「反撃」が待っているといった事情があったのです。

＊2 地震関係の研究：869年に発生した「貞観地震」の影響、東北地方や関東の沖合いで大規模な地震が起こり得るのか、福島県沖に巨大津波の波源域があり得るかなど、阪神淡路大震災以後に多数の研究成果が発表された。しかし、これらの警告や発見はほとんど報道されなかったか、注目を集めることがないよう扱われてきた。

＊3 「三陸はるか沖」：1994年12月28日、青森県八戸市東方沖180キロメートルを震源とするマグニチュード7・6の地震。気象庁は「三陸はるか沖地震」と命名。死者3名、負傷者784名。八戸市は震度6を記録、被害もほとんど青森県に集中していた。この命名からは被災地を知ることもできない。

さらに「中国新聞」（12年2月26日付け）は、つぎのような記事を掲載しています。記事中の3社とは、東京電力、東北電力、日本原子力発電です。

「東日本大震災の8日前、宮城―福島沖での巨大津波の危険を指摘する報告書を作成中だった政府の地震調査委員会事務局（文部科学省）が、東京電力など原発をもつ3社と非公式会合を開催、電力会社が巨大津波や地震への警戒を促す表現を変えるよう求め、事務局が『工夫する』と修正を受け入れていたことが、25日までの情報公開請求などで分かった」

こんなことはいまに始まった話ではありません。東京電力など電力のお抱えご用学者たちは、よってたかって原発周辺で大きな地震の発生や津波が襲いかかる可能性を否定し続けたため、いま以上の原子力防災は必要ないなどと、行政に認識されました。また、国などの地震・津波防災にも大きな悪影響を与えました。

自治体議員には電力出身も多くいるので、大きな地震・津波を想定して防災計画を立てれば、「来もしない津波」に備えて何百、何千億円もの防潮堤を作るなど「常軌を逸している」と横やりを入れるのが常套手段なのです。

科学的知見を否定して稼働を続ける

たとえば、下北半島の沖には「大陸棚西縁断層」と呼ばれる海底活断層があります。これが枝分かれして出戸《でと》西方《せいほう》断層が陸上に延び、六ヶ所再処理工場の直下につながっていると渡辺満久東洋大学教授が警告していますが、これを日本原燃が全否定しています。この断層の存在の指摘は渡辺教授だけではなく、中田高広島大学名誉教授、鈴木康弘名古屋大教授も行っています。

これに対して日本原燃のホームページはつぎのような説明を書いています。

「最近、『サイクル施設の直下にこれまで未発見だった長さ15㎞以上の活断層がある』、『地下探査データなどから西側に傾斜した逆断層の存在が読み取れ、断層面はサイクル施設内の直下まで延びている』、『大陸棚外縁の断層と出戸西方断層とがつながっている可能性がある』などの主張が一部で報じられ、立地地域の皆さまを中心に多くの方々をいたずらに不安に陥れる内容となっています。科学的根拠に基づく当社の考えは次のとおりですので、何卒ご賢察を賜りたくお願いいたします」。（傍点筆者）

（中略）「大陸棚外縁の断層は、少なくとも70万年前〜80万年前よりも古い断層であることが、１９７０年代以降、過去数回にわたり行われた海上音波探査の結果でわかっており、新しい耐震指針の評価対象（約12万年前〜13万年前以降の活動性を否定できない活断層）ではありません。これに対して出戸西方断層は、１・５万年前〜３・2万年前の間に活動したものです。従って、両者は活動年代が異なり、方向も違うため、連続性は認められません」。

出戸西方断層は、過去に繰り返し活動し、その上の部分が変形していることが明らかだとし、再処理工場の真下に続くことを渡辺教授たちは指摘しているのですが、日本原燃によれば「いたずらに不安に陥れる」デマだと断定しています。いまなお日本原燃はこの見解を撤回していないので、六ヶ所村では内陸地震の対策は何もされていません。

この断層が動くときには、太平洋沖で大きな海溝型地震が発生する可能性が高く、津波は30メールをはるかに超えるかもしれませんが、再処理工場の建設時にはそんな津波は「想定外」なので、青森県も津波災害を想定していません。

六ヶ所再処理工場は内陸約5キロ、海抜55メートルにあるので、津波による影響はないとしていますが、これもまた3・11を経たいまとなっては説得力がありません。仙台平野では4キロほど内陸まで津波は達しました。海抜55メートルと言っても再処理工場の前には尾駮沼があるだけで、遮蔽になるような地形ではないのです。

津波は単に高さだけではなく、その推進エネルギーも考えなければなりません。東北地方太平洋沖地震で発生した津波はこれまで想定されていたよりもはるかにエネルギーの大きな津波であり、岩手県宮古市の田老堤防や釜石市の湾口防波堤が破壊されたのは、想像を超える津波の強大なエネルギーでした。そのようなエネルギーをもつ津波が襲いかかったらどうなるのか、まだ誰も予測することができません。

電力会社が地震や津波、活断層の存在に無関心というわけではありません。東京電力は自らが解析したり、貞観地震の津波災害の論文を読んだり、研究者の情報は詳細に把握をしてきました。２００2年の頃から、原発を襲う津波が最大15メートルにも達するであろうことを「知って」いました。

しかし、原発事故対策にはまったく活かされませんでした。最も大きな理由は、経済性だったといわれています。莫大な対策費用を「節約」するために、科学的知見さえねじ曲げていたのです。

自然は制御できず、原発の大事故は制御できない

日本列島に存在する多くの「逆断層」については、圧縮の力が急に引っ張りの力に変わると、それまで摩擦で止まっていた断層が、断層面の摩擦が減ることで動くという現象も多発しています。東京の地下では従来の数倍の地震が発生し続けています。もはや、これまでの日本列島の姿ではありません。新しい地殻変動を目の当たりにしていることを、もっと謙虚に見つめる必要があります。

東北地方太平洋沖地震が起きてしまったいま、もはや研究者自身が「私たちが知っていた日本列島ではなくなった」と語るようになりました。

地震規模の想定は以前の倍どころではないほどの規模に書き換えられています。津波波高はもはや一桁の水準ではないのです。20ｍや30ｍはいつでも起きるとされています。それと共に、巨大地震により誘発される、あるいは影響を受ける地震の姿も書き換えられています。

若狭湾を含む中部日本の「ひずみ集中帯」では、Ｍ８級の地震が頻発する可能性もあります。その中には若狭湾を切り裂くように走るたくさんの断層も含まれますが、とくに敦賀半島に位置する「もんじゅ」にとって見逃せないのは白木《しらき》―丹生《にゅう》断層や敦賀断層などの既存の断層がほとんど真下にあることと、従来もいまも「動かない」ことにされている敦賀原発直下にある破砕帯です。この破砕帯は正断層型の地震を起こす可能性が指摘されています。

これまでは日本列島は東西に圧縮されているため、一方が一方に乗り上げるタイプ

の「逆断層型」地震は多発しても、引っ張られて動く「正断層」型の地震は起こらないとされてきました。

しかし、東北地方太平洋沖地震は、日本列島をのせた北米プレートを太平洋側に5・3メールも引き延ばしました。文字通り「延びた」のです。その結果、内陸の正断層が「引っ張られて落ちる」地震、つまり正断層型地震を発生させています。この典型例が、11年4月に起きたいわき市の「湯ノ岳断層」を含む断層で起きた地震でした。これまで日本では「起きない」とされ、とくに原発の立地の際にはまったく考慮されていなかった正断層地震が起きたのです。

いま頃になって東京電力は「湯ノ岳断層も福島第一、第2の耐震性に影響があるか追加で検討した」などと言っていますが、ときすでに遅し、です。この種の動きをする地震を頭から無視してきたことが問題なのです。

日本の原発すべてに言えることですが、湯ノ岳断層での地震を分析することによって、敦賀原発が正断層の真上に立地していることの危険性が指摘されるようになったのです。日本原子力発電は、「敦賀原発の真下では断層は動かない」と改めて「評価した」といいますが、無理矢理の「評価」と疑わざるを得ないのです。断層が動くとしたら敦賀1、2号機は再稼働などできなくなるだけでなく、増設を計画する3、4号機、付近の「もんじゅ」や美浜原発にも深刻な影響を与えることは必至だからです。

「本当に安全な原発」を開発するという目標は、あり得ないのです。電気をつくる方法は他にもさまざまな方法があり、社会や国家、人類の存在を危機に陥れるような技術に依存する必要はないのです。

（山崎久隆）

質問
17

電力不足《でんりょくぶそく》を避《さ》けるため、「つなぎ」エネルギー源《げん》として原発《げんぱつ》は不可欠《ふかけつ》ではないのか？

全基停止でも差し支えない現実

新しいエネルギーの開発が軌道に乗るまでは、原発に依存せざるを得ない、こうした意見がよく聞かれますが、これはエネルギー需給を巡る情報操作による刷り込みの結果であると私は考えています。

２０１２年７月現在、50基ある稼働できる原発のほとんどは停止している状態[*1]です。電力の需給を十分満たしており、直ちに原発を全廃しても支障がない状況が出現しています。３・11直後の「計画停電」「電力統制令」は、いかにも原発がなければ電力不足に陥るとの情報操作に使われましたが、実態はまったく別でした。

さらに発送電の地域独占の解消や電気料金決定方式の改善などを行って、現在の電

＊1 ほとんどが停止状態：２０１２年５月５日、全原発の稼働が停止。その後２基が再稼働したが全体状況に変化はない。

力会社の特権をなくし、自家発電業者や小規模分散型発電装置からの電力買い上げを容易にすること、また合理的、効率的な電力供給システムを整備することによって、現状でも必要な電力は確保できるのです。一部では、不足分が火力発電でカバーされ、石油や天然ガスの購入で電気料金が高騰すると主張していますが、世界一高い天然ガスを買っているのですから当然なのです。

世界有数の地震列島である日本では、致命的な大地震が明日起きてもおかしくない状況にあります。「安全でクリーン」という神話が崩れたいま、莫大な事故補償や廃棄物処理コストを考慮すると、原発はただちに停止し一刻も早く廃炉に向けた作業に取り組むべきであるというしかありません。

そもそも現在のエネルギー状況は、無限の経済成長をめざす多消費型社会を前提としたもので、中長期的なエネルギー問題は、大都市集中型経済から地方自治重視、地産地消型社会へと方向を転換する中で解決すべき課題です。財政的には大型公共事業や防衛予算などを見直し、それを社会福祉の充実、地産地消型の新エネルギーの創出に振り向けていくことが考えられます。その先行モデルとして、デンマークやドイツなどの脱原発路線が参考になります。

原発全廃のシナリオ——主に税制面

原発を全部止めるには、実は何も要りません。単に止めればいいのです。ただし、単に原発を止めただけでは電力9社はいずれ経営破綻します。なぜならば、原発は稼働を停止しているだけでも莫大な費用が掛かるからです。

54基の原発のうち、崩壊した福島第一原発（6基）を除く48基の原発についても、いずれも原子炉内に、あるいは使用済燃料プール中に大量の核燃料を抱えています。これを冷やし続けなければ崩壊熱によって溶けてしまうので、冷却水を循環させるために電気を大量に使用しなければなりません。推定1基当たり5万キロワットの電力が必要とされるので、原発を「安全」に停止させておくだけで、日本の全部の原発に240万キロワットもの電力が必要になる計算になります。これはピーク時の栃木県全県分にも相当します。

そのうえ、浜岡原発のように津波対策に1000億円が必要とされるように、原発を稼働させなくても安全を確保するための設備投資に莫大な費用が掛かります。これらが、電力会社の経営を圧迫し、破綻の危機に陥る要因になっています。「電力会社が経営破綻するので、原発を再稼働させなければならない」ということなのですから、要は最終的に廃炉にするまでの間、使用済燃料を安全に保持するだけの資金的、技術的支援を電力会社に提供すればよいでしょう。

電源三法[*2]の目的は原発などを立地する地域に補助金を交付して電源開発を促進し、その後の運転も順調に進めるため、1974年に制定されたものです。このうち電力会社が特別徴収義務者となって集めている「電源開発促進税」は、すべての電力消費者が払っているのですが、現在は1000キロワットアワー当たり375円です。総額で約3300億円（08年度）になりますが、電力会社が徴収したこの税金の納税を免除して、その分は「原発の安全管理資金」として電力会社に貸し付け、この資金で廃炉までの管理を遂行させる方法があります。国税ですから、いずれ国民の財産とし

＊2 電源三法：「電源開発促進税法」「特別会計に関する法律」「発電用施設周辺地域整備法」の総称。

て返還されますが、当面は電力料金とともに徴収する仕組みは変える必要がなく、電力会社の手元に残る合理的な方法だと思います。

2011年の夏、電気は足りた

「原発がなければ停電する」。そんな脅し発言[*3]が飛びだしたのは、早くも原発震災から2週間後のことでした。

日本の発電設備は原子力発電所が約30%、したがって一般には、日本では原子力が30%の電気を発電していると思われているのかもしれません。しかし実態はそうではないのです。

電力9社の発電設備だけを見れば、火力が62%、水力が8%、そして原子力が29%、新エネは1%であるため、世の中では、全原発を止めてしまうと30%の電源がなくなる、つまり3割節電しないと停電すると思い込まされているようですが、実際の稼働率[*4]を見ると原子力が67%もあるのに対して、火力は30%、水力は8%にすぎないのです。水力は水がなければ発電できないので、夏の渇水時期に100%は無理でしょうが、火力は何ら問題なく80%以上で稼働できるはずです。

表の通り夏のピーク電力需要は1億8000万キロワットほどですが、火力だけで1億2000万キロワットをまかない、それに水力、電力9社以外の発電会社や自家発電の買い取りなどを加えれば、計算上は停電が起きる心配は

■原子力なしでも電気は十分

夏ピーク電力需要	18,000
原子力計	4,896
火力計	12,421
水力計	3,528
小計	20,845
電源開発など	1,981
合計総発電量	22,826
総発電量から原子力を引くと	
総発電量	22,826
ー)原子力	4,896
差引	17,930
原発差引後計	17,930
+)自家発電	6,035
原子力なしで合計	23,965

(単位:万キロワット)

＊3 発言:「原子力安全・保安院の西山英彦審議官は23日インタビューで、過去25年で最悪の原発危機にもかかわらず、原発推進の動きは後退していないと述べました。原子力の代わりは『停電』だというのです」(「ウォールストリートジャーナル」2011年3月24日)。

＊4 稼働率:09年度実績。この項の数値は資源エネルギー庁の「電力調査統計10年度版」による。

ないということになります。

それぞれの設備容量を具体的に見てみましょう。

東京、関西など9電力と日本原子力発電の合計では、原子力は54基、4896万キロワット、火力は9電力で1億2421万キロワット、水力は9電力で3528万キロワット、合わせて2億845万キロワットになります。これに電源開発などの卸電気事業者を加えると、全部で2億2826万キロワットもの設備があることになります（11年2月末現在）。

ここから原発分だけを引いてみると、1億7930万キロワットです。これを10年8月、つまり節電が声高に叫ばれなかった時期の最大3日平均の全国電力消費量と比較してみましょう。すると、全国の最大3日平均電力消費量は1億7945万キロワットであり、原発なしでは、ぎりぎり足りないように見えます。

ただし、この計算には含まれていないものがあるのです。自家発電設備をもつ企業からの買い取りです。自家発電の設備は全国で約6035万キロワットあり、原発の設備をもはるかに凌ぎます。この一部買い取りで電力は十分足りていることが明らかです。実は、電力需要が高い時期にも自家発電からの買い取りは行われています。しかしその量は自家発電設備容量の半分にもなりません。それは電気事業者のもつ設備で十分まかなえるため、わざわざ高くつく買い取りをしなくても電力が不足する心配はないからです。売電のキロワット単価が7円では安すぎるとして、自家発電設備をもつ事業所も東京電力などと契約をしていないケースも多いとみられます。すなわち、単価を上げるだけで追加投入できる発電設備もあるのです。

一方、供給予備力が必要という主張もあります。たしかに電力消費は発電設備ぎりぎりにまで上がってしまうと、供給先の電圧や電流が不安定になるため、一定の予備力が必要です。これを10％ほどとっても、まだ余裕があるのが２０１０年の夏の実態でした。実際には従来の東京電力などのピーク時の供給予備力は最小で５％程度なのです。

ここまでの計算では節電の効果は一切考慮していません。10年の夏、個人的に節電した人はわずかだったのです。夏の間、冷房を切った大型施設もなければ、家庭もなかったのです。夏の電力ピーク時、日本中で節電の取り組みが広がり、節電目標の10％を達成したら、電力設備は十分な余力があることになります。

11年8月31日、夏のピークもそろそろ終わりという日に、東京電力は「電力統制令」の前倒し解除を経済産業省に要請しています。電力が十分余りだし、節電よりも電力消費量を増加させないと、減益が拡大の一途になったからです。

節電が経済成長の足を引っ張るという反対意見もあるようですが、経済成長神話についての議論をおくとしても、節電は新たなニーズを生み出しています。省エネ家電はエコポント制度が終了して、大きく落ち込む可能性がありましたが、省エネ家電の需要は拡大*5しています。それだけではありません。家電製品以外にも省エネやライフスタイルを見直す動きも加わって、商品経済ではむしろ成長を促しています。

電力を大量消費する産業にとっては、電力不足は深刻かもしれませんが、むしろ電力そのものの不足よりも料金の高騰の方がはるかに影響が大きいのです。

ピーク時の電力不足に対する対応は、すでに東京電力の原発不祥事や中越沖地震に

＊5 省エネ家電の需要拡大‥「冷蔵庫は10年前のモデルの約半分、エアコンは12年前のモデルに比べて約30％節電できる」（『読売新聞』２０１２年４月８日）など、夏の家電商戦は省エネ家電で潤った。

よる柏崎刈羽原発の全面停止[*6]などの際の、ピークシフト、土日操業、平日休日、就業時間の早朝シフトなど、さまざまな取り組みが編み出されています。夏が過ぎてもシフト勤務を継続する会社さえ現れました。電力消費量の削減効果をはるかに上回る電力料金の大幅な高騰さえなければ、企業にとっては何ら問題は生じないのです。

対策必要な時間は1年のごくわずかなピーク

図は10年の東京電力電力使用量で、1年間の電力使用量を時間ごとに大きい順に並べ直したものです。5000万キロワットを超える時間帯は何らかの対策が必要としても、その時間数はわずか407時間、1年の4・65%にすぎません。この年は例年以上に暑く9月に入っても気温が下がらず、真夏日・熱帯夜が9月下旬まで続きました。それほどの暑さでも、5%程度の時間帯に対策をすれば、十分まかなえるのです。

ピーク時はわずかに数パーセントであり、5500万キロワットを目標にして、設備を準備すれば年間を通じて乗り切れる見通しがつくのです。これまではこの数パーセントのために実に設備の20%も準備をしてきたことになるのです。いかに無駄なコストを投じてきたかが分かるというものです。

なお、ピーク時間帯は午後1時から4時ぐらいまでの高温の時間帯に出現します。健康に問題のある高齢者や乳幼児などを高温環境に長時間居させることは危険です。絶対に我慢を強いてはならないことを強調しておきます。

■東京電力　電力使用量のグラフ　※2010年東京電力の需給データより作成

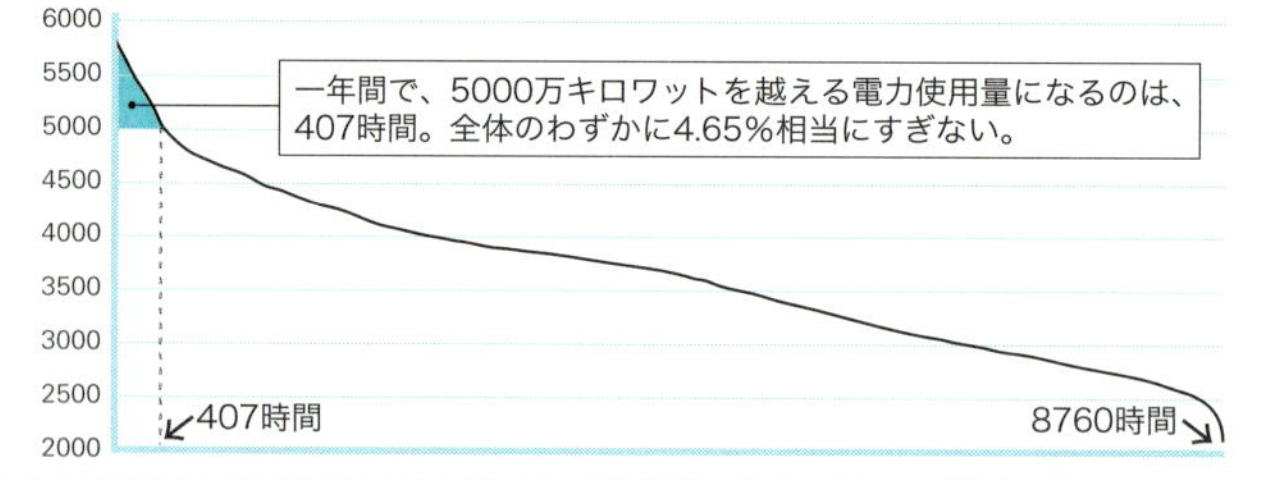

*6 柏崎刈羽原発の全面停止：07年7月。

「計画停電」の理由

では、なぜ3月11日の地震直後、「計画停電」が実施されたのでしょうか。

多くの火力発電所が震災で被災し発電不能になり、その後遺症が続いたからです。東京電力の発電設備は約6500万キロワットですが、その26％あまりを原子力が占めています。3月の電力使用量は1年のうちでも低い時期に当たりますが、地震直前の3月上旬は東北地方から関東北部にかけて寒波が襲来し、暖房需要が伸びたため3700万キロワットを超えていました。

震災の直前、各原発は柏崎刈羽の4基で491・2万キロワット、福島第一で3基202・8万キロワット、福島第二で4基440万キロワット、さらに日本原子力発電東海第二原発110万キロワット、合計1244万キロワットの原発が稼働中でした。

地震で柏崎刈羽原発以外すべて止まったことにより、失われた発電量は差し引き752・8万キロワットでした。さらに火力発電の設備も被災し、発電停止[*7]を余儀なくされました。

供給可能な設備容量は最低の時には3100万キロワットに激減しました。これが計画停電の大きな理由ですが、火力発電所は復旧が急速に進んだので、計画停電も3月中には必要なくなっています。もし、東京電力や東北電力が関西電力のようにもっと原発に依存していて、火力発電所が少なかったら、計画停電は、もっと長期にわたっていたでしょう。

*7 停止した火力発電：主なものだけで、広野火力2、4号機、常陸那珂火力1号機、鹿島火力2、3、5、6、大井火力2、3号機、東扇島火力発電所1号機、五井火力4号機など、合わせて1000万キロワット以上。

すぐに立ち直った火力

11年4月下旬、すでに被災から復旧した日立市の日立製作所では、急ピッチでガスタービン発電機の生産準備が進んでいました。三菱重工高砂工場でも東京電力千葉火力用33万キロワット級ガスタービンの生産を進めました。東芝も30万キロワット級のガスタービン発電所を複数台GE社から受注、これらは東北、東京電力エリアに設置される合計で750万キロワットに達する発電所の一部だといいます。今後数年かけてガスタービン発電所が1000万キロワット以上も増設される見通しです（「電気新聞」などが報道）。

増強だけではありません。とても夏には間に合わないだろうとみられていた福島県の広野火力発電所も、11年8月までには再稼働しました。その他の火力もほぼすべて、震災前の水準にまで回復することができたので、東北電力も含めて、夏のピーク時までは発電設備を復旧し、原発がすべて止まっていても何ら支障がない水準にまでなっていました。その後水害の影響で福島県内の水力発電所が稼働不能になり、東京電力は福島県内の相馬火力発電所から東北電力に60万キロワット追加で送電する設備を付け、東北電力と東京電力は夏のピークを乗り切ったのです。

「原発がなければ停電」ではなく、「原発があるから停電」してしまうのです。

原子力は不安定

対照的に原発は、復旧どころではないのです。福島第一原発の4基は放射性物質の封じ込めさえできていません。防護服に身を包んだ作業は困難を極め、作業員の交代が進まなければ、被曝量の増大と作業環境の悪化によって将来は作業員さえ払底してしまう事態さえ懸念されます。

福島第二も女川原発も、到底復旧の見通しはなく、再稼働の目途も立ちません。原発はたとえ放射性物質の大量放出がなかったとしても、地震で止まれば年単位で再稼働は見込めません。原発ほど当てにならない電源はないのです。

電力需給に際して、今後も東京電力管内で懸念される場合があるとするならば、柏崎刈羽原発が再稼働した場合です。柏崎市の周辺で震度5強を超える地震が発生する可能性は高まっています。もし、柏崎刈羽原発を稼働させたまま地震に襲われれば、瞬時に発電能力を失います。もし、ぎりぎりの供給体制だったら、おそらく東京電力の管内で広域停電を起こすでしょう。柏崎刈羽の電力をカバーする供給量が確保できなければ、その後は計画停電を再度行わざるを得なくなります。

原発は一度地震で止まってしまうと、何の被害がなくても安全点検などで少なくても一週間程度は再稼働できません。これほど不安定な電源にいつまで依存するつもりなのでしょうか。

これまでも全国の原発は、どこかで地震停止や長期補修、定期検査が行われてきました。原発はもはや真夏のピークですらフル運転などしていません。それでも電気が足りなくなることはなかったのです。原発が果たしていた役割は、実はその程度だったのです。

（山崎久隆）

質問 18

原発《げんぱつ》システムを解体《かいたい》して新《しん》エネルギーを導入《どうにゅう》するのは無駄《むだ》ではないか？

南北をつなぐ「超高圧直流送電線」の整備

現在、「発送電分離」、つまり送電会社を独立させることが議論の的になっていますが、それだけでは電力会社の利権構造を解体して、電力を国民の共有財産にするには十分ではありません。

日本列島を南北につなぐ「超高圧直流送電線」を敷設し、誰もがそれに接続できる送電システムを整備する必要があります。これによって50サイクルと60サイクルの違いによる東西連携の障壁は解消します。直流送電線に接続する際、交流を直流に変換し、受電するときも直流から交流に変換するので、周波数の違いは問題にならなくなります。送電会社は全国1社でも、複数でも、都道府県ごとにあってもいいかもしれません。

また、供給義務を課すため完全な民間企業ではなく、政府も出資する公社のような機構にした方がよいでしょう。もちろん誰もが出資できる仕組みにします。電力を安定供給できるかどうかは、仕組みが重要であり、技術的な問題はありません。

現在の1億8000万キロワットの最大電力には供給予備力も含まれます。全国送電網が完成すれば、各電力会社で供給予備力をもつ必要などなくなります。日本全体で予備力を10％から5％に下げても十分でしょう。これだけで何もしなくても自動的に900万キロワットもの発電設備が不要になるのです。

初期投資としての直流送電線建設には2兆円規模の費用がかかると思いますが、すでに造ってしまった新幹線網を有効活用すればいいのです。その軌道に併設すれば建設コストも削減できます。山を切り開き自然を破壊して新しい設備を造るなど、もう止めた方がいいのです。

直流送電線は直径1メートルほどの超伝導ケーブルを使うので、送電ロスはほとんどなくなり、かつ既存の高圧送電線を大量に吸収統合できるので電磁波や景観の問題解決にもなります。建設にかかる費用は1基4000億円以上の原発建設コストを考えれば安いものです。運用経費は現在の100万ボルト高圧送電線を架空線で引くことに比べれば格段に安く、数千億円程度の経費ではないかと思います。

この直流送電はヨーロッパや中国でも本格的に導入されているので技術的には問題はないでしょう。むしろ高効率のものを日本が開発すれば、世界中に販売できると思います。

節電ではない「適電」にシフトする

太陽光発電や風力発電がただちに原発に取って代われるわけではないし、それらが必ずしも環境に良好というわけでもないのです。また、新たな利権構造を生み出すことも考えられるので、大規模ではない発電所の方が経済効率はあがるような仕組みにする必要があります。分散型の自然エネルギーをもつ人びとが、好きなときに好きなユーザーに自由に電気を売れる。それが健全な姿ではないでしょうか。

天然ガス発電所の大きな利点は、その高い熱効率にあります。原発は熱のたった3割しか電力として利用できませんが、天然ガスは6割以上を利用できます。また、廃熱を回収して地域にエネルギー源として供給できます。原発は廃熱を海に捨てることで拡散させていますが、同じ熱量を発生させて、3分の2を捨ててしまう原発とどちらが環境にいいか、論ずるまでもありません。

11年の夏、気温が平年並みだったとはいえ、東電管内では電力消費量は推定20％以上も減少したとみられています。これは「非常事態だから起きたこと」なのでしょうか。

そういう面は一部あるにしても、今後発電設備がすべて回復しても、以前のように東京電力でピーク時に6000万キロワットを超える事態は起きないでしょう。企業は導入した省エネのための設備投資で経費を減らすことができたら、翌年も同様の取り組みをするからです。一般家庭も買い換えた省エネ家電を当然、使い続けるでしょう。都市部を中心としてエネルギー消費が肥大化しすぎているこの国で、エネルギー消費を考え直そうという機運はとてもよいことです。

節電ではない「適電」。適切な用途に、適度な電力消費量とすることで、過剰な発電設備もいらない、環境にも健康にもよい暮らしができるようになる、そのきっかけにすることが、原発震災に被災した人びととともに、新しい時代をつくる取り組みになるのではないでしょうか。

以前から原発の必要性を強調するために化石燃料の枯渇説が流布されていますが、実際には石油や天然ガスの利用可能な埋蔵量は新規発見や掘削技術の革新で伸び続けています。向こう数十年については十分な供給力があり、たとえば、水素などの新規エネルギーの実用化までには十分な時間的余裕があると考えられています。

現在、ドイツがエネルギー源の40％以上を依存している石炭は世界で１０００年以上の埋蔵量があるとされています。また、化石燃料の燃焼に伴う二酸化炭素を取り除く技術も日進月歩で進んでいます。

化石燃料が枯渇するかどうかよりも、エネルギー浪費構造そのものが人間の生存にとってきわめてきびしい環境を作り出していることは間違いなく、エネルギー利用効率を大幅に上げる必要があるのです。

さらに太陽光、太陽熱、風力、地熱、小規模水力[*1]、バイオマス、波力、海洋温度差など、循環型自然エネルギーの利用技術の開発を進めるための投資や、その投資が正当な市場価格として設定できる電力買い取りシステムの早急な整備が必要です。

＊1 小規模水力：ダム式ではなく、河川の水流をそのまま利用する。一般河川以外にも農業用水や上下水道も利用する。

熱源利用はガスと太陽熱を組み合わせる

原発に替わる電力を心配をする必要はありません。もう答えはとっくに出ているのです。これから新エネルギーシステムを考える前に、まず現状の分析を十分すべきでしょう。すべての消費エネルギーを電気でまかなう「オール電化住宅」は、一言で言えば「もったいない」の一語に尽きるのです。

とくに電気を熱源として使う一部の機器は、最初の投入エネルギーから見るとわずか30％にも満たない効率のものさえあるのです。電気は電気でなければできない仕事を割り当てるべきで、熱を使う場合、電気以外で高効率のものを当てるべきなのです。

一次エネルギーの熱利用の大きなものは、冷暖房と給湯です。熱源利用としてもっとも有望なのはガスと太陽熱を利用する温水器です。太陽熱温水器の効率は格段に高くなり、太陽光発電の効率は現在のところは20％ですが、最新鋭の真空ガラス管式の太陽熱温水器だと40％にもなります。真冬の曇り空のように条件の悪い場合でも30℃以上の温水が給湯されます。太陽エネルギーの利用法としては現在のところもっとも高効率なシステムです。中国などでは相当普及し始めています。

太陽熱温水システムに天然ガス、燃料電池を組み合わせれば、完結型の電熱併給住宅[*2]が実現します。「新技術の開発」はまったく必要なく、いまの技術を活用すれば、すぐに実現できます。

新展開をめざす石炭火力

＊2 完結型の電熱併給住宅：外部からの送電線を必要としない設備で構成された住宅。

現在の日本の石炭火力は全電力生産量のほぼ4分の1であり、これは原発と同等、つまり石炭と原発はまさに「互角」でした。今後原発が止まっていき、石炭火力のシェアは大きく増えるでしょう。

石炭火力は窒素酸化物や硫黄酸化物を出し、さらに大量の二酸化炭素を出す「環境に悪い」資源として語られてきました。しかし現実に石炭は世界でもっとも有力な資源であり、石炭火力は石油を超えるシェアを占め、世界の電力でも40％が石炭によっているのです。

この構図は将来も変わらないどころか、拡大の一途と考えられており、石炭火力の環境負荷を下げ、効率を高めることで事実上、新たな電力需要をまかなう効果が出るのです。

図は石炭火力発電の各国の熱効率の推移です。「J－POWER」は日本の電力会社「電源開発」です。同じ量の石炭でどれくらいの熱効率があるかを示しています。もっとも低いインドなどは35％にも達しておらず、単純に発電効率だけを比べると電源開発は、同じ量の石炭から十数ポイント以上も多くの電力を生み出しているのです。このような技術は環境技術として、もっと世界に活用を促してよいのです。原発輸出など止めて、こちらを輸出すればいいのです。もっとも、日立や三菱などのメーカーが黙っているはずもなく、すでに多くのプラントが日本から輸出され始めています。

石炭火力の高効率化は、まだまだできるでしょう。天然ガスといっしょに気化させて燃やせば、理論的には65％を超えるとも言われています。

さらに煤煙、窒素酸化物、硫黄酸化物を取り除く技術が期待されています。いまで

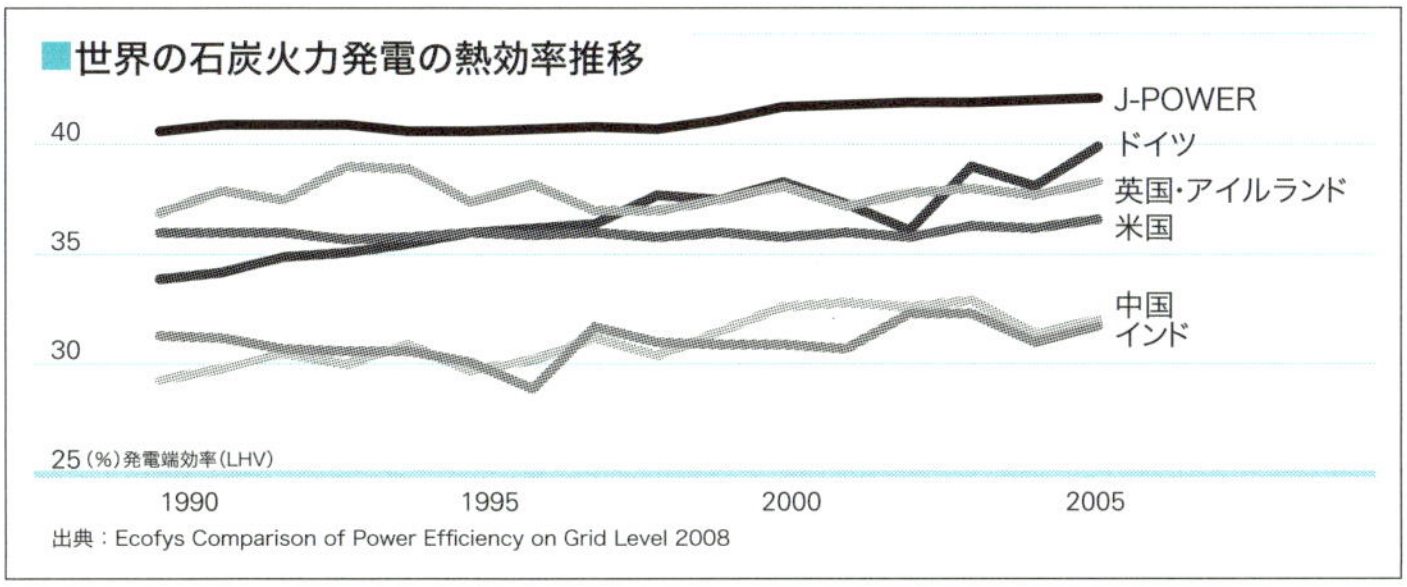

出典：Ecofys Comparison of Power Efficiency on Grid Level 2008

は煤煙と酸性雨の元凶だった石炭火力とはかなり違います。バイオマス燃料をいっしょに燃やす取り組みも始まっています。「ゴミ発電」も、そのままでは効率が悪いですが、石炭などといっしょに燃やすことで環境負荷のかからない（つまりダイオキシンなどを出さない）燃焼が可能だからです。

しかしインドや中国などは、まだ環境負荷も大きく効率も悪い石炭火力が多数あるので、それを高効率技術に置き換えるだけで新規の発電所をいくつも造るほどの効果があります。

これから経済成長を目指す国々では、さらに多くの電力を欲しており、このような取り組みが大きな意味をもつことは論を待たないでしょう。

水素エネルギーは「無限の」エネルギー

いずれは水素エネルギーが主体となるでしょう。水素は水を分解すればいくらでも手に入る、いわば「無限の」エネルギーです。そんな時代は遠い未来かもしれませんが、それまでは天然ガスや石炭など、既存のエネルギー源を効率よく使うことと、未利用エネルギーと呼ばれる低温の河川水や冷房廃熱などのエネルギーを回収して利用する技術が開発されるでしょう。

「レアメタル」や「レアアース」は使い捨ての時代から回収して効率よく使う時代になっています。同じことがエネルギーにも言えるのです。そういう観点からも、わずか33％の熱エネルギーしか電気に変えることができない原発の効率の悪さは、20世紀の技術の悪い部分を引きずったままなのです。

小規模水力

大規模な発電設備以外にも将来有望な設備があります。むしろ柔軟性という観点からは小規模な方が有利な場合も多いのです。もちろん、効率が上がり環境負荷も小さくなっていて誰でも補修や管理ができるようなものになっていることが重要です。

小規模発電の代表格として小規模水力（小水力とも言う）が挙げられます。大きなダムを造り続け、もはや水力発電開発の余地がないかのように言われていますが、これから発展するものが小さな規模の流れ込み型水力発電です。とくに急峻な中山間地が多く、かつ大量の雨が降り、農業用水網が張り巡らされている地域は有望です。これを使わない手はないと、日本だけではなく世界各地に小水力発電を運営する事業体やＮＰＯが活動しています。

小水力は１０００キロワット級、ミニ水力は１００キロワット級、マイクロ水力は10キロワット級、さらにもっと小さい「ピコ水力」は1キロワット級です。日本では小さすぎる印象ですが、海外ではこれで十分というところも多いのです。

小水力は、長大な送電網を必要としない、一般家庭が普通に使う電力をまかなうにはちょうどよいのです。しかも住民が出資する「地域オーナーシップ制度」を採用すれば、搾取されたり環境が破壊されるような事態も起こりません。

日本でも、このような規模の発電設備で十分間に合う地域がたくさんあります。もちろん安定性を確保するために、非常用発電機や燃料電池などをバックアップにする必要があるでしょうが、設備投資費用としては大規模発電所の比ではない安さなのです。

地域分散型の小規模設備、もちろん太陽光やバイオマスなども含めて地域密着、あるいは1軒に1基の発電設備が付属する、そういう時代が来ると思います。

大都市や産業用の大規模発電所は、大きな発電設備が必要ですが、それにしても電熱併給型の都市型火力発電所、ビルの壁面などを活用した太陽光システム、未利用エネルギー回収プラント、それらの組み合わせに加えて、郊外からの風力や波力など自然エネルギーを活用した発電会社からの電力購入、それでも足りなければ大型火力発電所を多少造る。これで未来の都市も十分まかなえる仕組みができるでしょう。

（山崎久隆）

あとがきにかえて

この本の編集は、出版社の方から『武力で平和はつくれない――私たちが改憲に反対する14の理由』の「7000部の在庫がほぼなくなりました、2冊目をつくりませんか？」という連絡が、出版の際の交渉の責任者であった私のところに入ったことから始まりました。

この本の編者である「市民意見広告運動」は、2003年から「9条改憲とイラク派兵」に反対する声を集めるかたちでスタートし、毎年5月3日付の新聞掲載を定着させています。

早速、意見広告運動の中に、この本のための編集スタッフが組織されました。メンバーは高橋武智、野澤信一、橋本保彦、本野義雄、天野恵一の5人。テーマは3・11原発震災の問題を正面に据えたものという方向がすぐ決まり、「核（原爆・原発）と憲法」の今日的関係をQ＆Aで取り上げるスタイルとしました。

前書と同様、憲法改正が必要と主張し、核の傘や原発の存在を肯定し、原発の再稼働が不可欠と考えられている人びとからの疑問、その立場からの批判に答えるかたちをとりました。核拡散体制――原発依存体制の問題点を掘り下げ、市民の間で平和・共存のテーマで闊達な議論を起こしたいという意図に他なりません。本書が前書同様多くの方々の参考になり、批評の対象になれば刊行の意図が叶えられます。

全原発が停止した2012年5月5日に

「反改憲」運動通信編集部　天野恵一

『原発事故の被害と補償』大島堅一、除本理史、大月書店、2012年
『平和運動20年資料集』日本平和委員会 編、大月書店、1959年
『原爆・原発』池山重朗、現代の理論社、1978年
『核時代の軍備と軍縮』服部学、時事通信社、1979年
『アメリカの戦争と在日米軍――日米安保体制の歴史』藤本博／島川雅史編、社会評論社、2003年
『原水爆禁止運動の成立――日本平和運動の原像1954―1955』藤原修／明治学院国際平和研究所、1991年
『原水禁署名運動の誕生――東京・杉並の住民パワーと水脈』丸浜江里子、凱風社、2011年
『原子力市民年鑑2011～12』原子力資料情報室 編、七つ森書館、2010年
『核絶対否定への歩み』森滝市郎、渓水社、1994年
『核拡散問題とアジア核抑止論を超えて』吉村慎太郎／飯塚央子 編、国際書院、2009年
『原発事故はなぜくりかえすのか』高木仁三郎、岩波新書、2000年
『高木仁三郎著作集全12巻』七つ森書館、2004年
『原子力神話からの解放日本を滅ぼす九つの呪縛』高木仁三郎、講談社、2011年
『隠される原子力』小出裕章、創史社、2010年
『原発のウソ』小出裕章、扶桑社新書、2011年
『放射性廃棄物』ロール・ヌアラ、及川美枝 訳、緑風出版、2012年
『原発を終わらせる』石橋克彦 編、岩波新書、2011年
「ヒロシマとフクシマの間」加納美紀代、『インパクション』180号、2011年
『原子力発電』武谷三男 編、岩波新書、1976年
『原子炉時限爆弾』広瀬隆、ダイヤモンド社、2010年
『福島の原発事故をめぐって――いくつか学び考えたこと』山本義隆、みすず書房、2011年
『新版原子力の社会史――その日本的展開』吉岡斉、朝日新聞社、2011年
『原発と日本の未来原子力は温暖化対策の切り札か』吉岡斉、岩波ブックレット、2011年
『福島原発多重人災 東電の責任を問う』槌田敦／山崎久隆／原田裕史、日本評論社、2011年

【参考文献】

浅井基文のHP「21世紀の日本と国際社会」(2004年～12年、コラムに関係文章掲載)

『日米「密約」と人民のたたかい――米解禁文書から見る安保体制の裏側』新原昭治、新日本出版社、2011年

『"核"を求めた日本――被爆国の知られざる真実』「NHKスペシャル」取材班／光文社、2012年

『原発・正力・CIA機密文書で読む昭和裏面史』有馬哲夫、新潮新書、2008年

『日米「核密約」の全貌』太田昌克、筑摩書房、2011年

『「共犯」の同盟史――日米密約と自民党政権』豊田祐基子、岩波書店、2009年

『政治と人生中曽根康弘回顧録』中曽根康弘、講談社、1992年

『新版沖縄現代史』新崎盛暉、岩波新書、2005年

『増補米国東アジア軍事戦略と日米安保体制付・国防総省第四次東アジア戦略報告』島川雅史、社会評論社、2007年

『米国の戦争と日米安保体制――在日米軍と日本の役割』島川雅史、社会評論社、2011年

『潜在的核保有と戦後国家――フクシマ地点からの総括』武藤一羊、社会評論社、2011年

『原水爆時代(上)(下)』今堀誠二、三一新書、1959、60年

『原爆と検閲米国人記者たちが見た広島・長崎』繁沢敦子、中公新書、2010年

『周恩来・キッシンジャー機密会談録』毛里和子／増田弘訳、2岩波書店、006年

『核大国化する日本平和利用と核武装論』鈴木真奈美、平凡社、2006年

『〈新訂増補版〉封印されたヒロシマ・ナガサキ』高橋博子、凱風社、2012年

「〈原子力平和利用〉と広島――宣伝工作のターゲットにされた被爆者たち」田中利幸、『世界』2011年8月号

『隠して核武装する日本』槌田敦／藤田祐幸／井上 澄夫／山崎久隆、核開発に反対する会 編、影書房、2007年

『イスラムの核爆弾』スティーブ・ワイスマン／ハーバート・クロスニー、大原進 訳、日本経済新聞社、1981年

『サムソン・オプション』セイモア・M・ハーシュ、山岡洋一 訳、文藝春秋、1992年

『イランの核問題』テレーズ・ペレシュ、早良哲夫 訳、集英社、2008年

『核のジハードカーン博士と核の国際闇市場』ダグラス・フランツ／キャスリン・コリンズ、早良哲夫 訳、作品社、2009年

市民意見広告運動／市民の意見30の会・東京

「市民の意見30の会・東京」は、非暴力と民主的社会実現を目指す30項目の政策提言の意見広告を1989年1月16日の『朝日新聞』紙上に掲載し、その実現を目指して活動している不偏不党の市民グループです。

米国のベトナム戦争に反対して1965年に発足した反戦平和市民団体「ベ平連（ベトナムに平和を！市民連合）」の流れをくみ、「殺すな」をスローガンに、強者による政治が支配している日本を変え、人びとが平和に、安全に、平等に、健康に、人間らしく生きられる国にしようと努力しています。

会の名称には「東京」とありますが、現在の会員は、沖縄から北海道にまたがって存在している全国的規模の会で、2012年1月現在の会員数は2000名を越えています。

会では平和の危機が訪れる都度、全国に募金を呼びかけて、戦争に反対し非暴力を訴える意見広告を、国内の全国紙、地方紙、および海外の新聞に掲載し、世論を喚起してきました。特に2003年からは「市民意見広告運動」として毎年5月3日の憲法記念日に、非武装・不戦をうたった憲法第9条と健康で文化的な最低限度の生活を保証した第25条の実現を主張の柱に、数千名に及ぶ熱心な賛同者に支えられ、過去11回にわたって意見広告を掲載し続けています。

また、機関誌として隔月刊で発行している『市民の意見』は本年8月には通算133号に達し、全国で2000人を越える愛読者に読まれています。会費は、機関誌代を含めて年2500円です（敬老・障がい者会費2000円もあります）。見本誌をお送りしますので、ご希望の方は下記事務局にご一報下さい。

［事務局］　**市民意見広告運動／市民の意見 30 の会・東京**

共同代表：高橋武智・本野義雄・吉川勇一

〒151-0051 東京都渋谷区千駄ヶ谷 4-29-12-305

Tel & Fax　03-3423-0266 ／ 03-3423-0185

E-mail　info@ikenkoukoku.jp

URL　http://www.ikenkoukoku.jp

［郵便振替口座］ 口座番号：00110-5-723920

加入者名：市民意見広告運動

執筆者紹介（50音順）
浅井基文（あさいもとふみ）　広島市立大学広島平和研究所前所長
島川雅史（しまかわまさし）　立教女学院短期大学教員
田浪亜央江（たなみあおえ）　ミーダーン（パレスチナ・対話のための広場）
武藤一羊（むとういちよう）　ピープルズ・プラン研究所運営委員
山口響（やまぐちひびき）　ピープルズ・プラン研究所
山口幸夫（やまぐちゆきお）　原子力資料情報室共同代表
山崎久隆（やまさきひさたか）劣化ウラン研究会代表、たんぽぽ舎副代表

編集スタッフ
天野恵一、高橋武智、野澤信一、橋本保彦、本野義雄

装幀＋本文デザイン　岡田恵子（ok design）／イラスト　山元かえ

核の力で平和はつくれない
私たちが非核・脱原発を主張する18の理由

2012年8月31日第1刷発行

編　者　市民意見広告運動
発行者　上野良治
発行所　合同出版株式会社
東京都千代田区神田神保町1-28
郵便番号　101-0051
電話　03（3294）3506
振替　00180-9-65422
ホームページ　http://www.godo-shuppan.co.jp/

印刷・製本　株式会社シナノ

■刊行図書リストを無料進呈いたします。
■落丁乱丁の際はお取り換えいたします。

ISBN978-4-7726-1084-1　NDC365　210×148　

安斎育郎のやさしい放射能教室

安斎育郎【著】

きちんと知りたい「放射能のハテナ」を安斎先生がていねいに解説します。教える立場の教師のテキストにも。

好評2刷／11年／A5判並／72ページ／600円

これでわかるからだのなかの放射能

正しく知ろう！　放射能汚染と健康被害

安斎育郎【著】

自然放射線、原爆・原発に由来する放射能汚染の基礎知識を、放射線防護学の第一人者がやさしく解き明かす。

好評3刷／11年／46判並／240ページ／1400円

原発事故緊急対策マニュアル

放射能汚染から身を守るために

日本科学者会議福岡支部 核問題研究委員会【編】

「安全神話」が崩壊した今、家族の身を守るために、知っておくべきこと。「正しく恐れ、対処する」ための必読書。

好評2刷／11年／A5判並／80ページ／571円

原発のない世界のつくりかた

How to make a nuclear power free world

「脱原発世界会議」実行委員会【編】

さあ、脱原発へ！　大江健三郎、小出裕章、竹下景子、坂本龍一ら、国内外から180余名の声を集録。

最新刊／12年／A5判並／248ページ／1200円

原発を再稼働させてはいけない4つの理由

合同ブックレット・eシフトエネルギーシリーズ①

eシフト【編】

原発事故の究明もされない中で、原発を再び動かしてはならない。身近な人に知らせたい4つの真実。

最新刊／12年／A5判並／80ページ／600円

＊別途消費税がかかります。

武力で平和はつくれない
私たちが改憲に反対する14の理由

市民意見広告運動【編】

「非武装のままで侵略されたらどうするのか?」憲法擁護の意見広告に寄せられた、改憲派からの疑問にこたえます。

07年/A5判並/128ページ/1000円

戦争をしなくてすむ世界をつくる30の方法

平和をつくる17人【著】 田中優+小林一朗+川崎哲【編】

戦争を支持するさまざまなしくみ。それを裏返して、戦い合わない世界をつくる「とっておき」の方法を紹介。

好評11刷/03年/A5判並/144ページ/1300円

世界から飢餓を終わらせるための30の方法

ハンガー・フリー・ワールド【編】 勝俣 誠【監修】

世界には十分な食料があるのに、なぜ飢える人がいるのか。飢餓をなくすために、私たちにできることは何か。

最新刊/12年/A5判並/144ページ/1300円

ぼくは13歳 職業、兵士。
あなたが戦争のある村で生まれたら

鬼丸昌也+小川真吾【著】

目を背けず、まず知ってほしい。武器を持たされ兵士として戦わされている子どもたちがいることを。

好評9刷/05年/A5判並/144ページ/1300円

ぼくらのアフリカに戦争がなくならないのはなぜ?

小川真吾【著】

アフリカの悲惨な日常の後ろにある「正義」という名の暴力。日本の私たちとも繋がる、その複雑な構造を解明。

最新刊/12年/A5判並/160ページ/1300円

＊別途消費税がかかります。